施海涛 著

旅游目的地建构
云南 L 县的经验与思考

THE CONSTRUCTION OF TOURISM DESTINATION
Reflections on
the Experience of L County

社会科学文献出版社
SOCIAL SCIENCES ACADEMIC PRESS (CHINA)

序　言

伴随着改革开放进程的不断深化，中国旅游高速发展，从初期的文化景观主导型到20世纪八九十年代的自然景观主导型，再到21世纪逐渐兴起的生态休闲旅游主导型，经过近40年的发展，现如今的中国旅游已经步入全域旅游的崭新时代。

在这近40年的时间里，一方面我们看到了中国旅游在旅游开发、旅游人数和旅游收入等方面连续多年保持高速增长，旅游经济业已成为拉动国民经济发展的强劲引擎，以至于诸多省、市、县明确提出要将旅游产业作为战略性支柱产业来进行扶持和发展；另一方面在快速变化的背后，无论是旅游产业从业者，还是政府主管部门，对数字经济的关注往往都超过了对旅游发生行为的目的和诉求、地方发展旅游产业的动力和过程、旅游市场发展的预测与规范的冷静思考，以至于对旅游及旅游产业本身的理性认知尚处在模糊阶段。

要真正读懂中国旅游，既需要置身其中又必须置身事外，在掌握大量来自实践一线材料的基础上进行冷静分析和提炼。令人欣慰的是，施海涛博士对此始终保持着专注力，他以旅游目的地的建构为线索对中国旅游课题进行了长期、深入的研究，并形成目前呈现在我们面前的有益成果——《旅游目的地建构——云南L县的经验与思考》。施海涛博士选取了在全国旅游目的地中有重要影响力的云南省L县为典型案例，为方便调查研究，他曾置身当地生活数月，而后又多次进入，掌握了L县建构旅游目的地的翔实的地方资料和访谈资料，通过将历史纵坐标与内容横坐标相结合，进而将 L 县建构旅游目的地的整个发展线索完整地呈现。

施海涛博士认为，L 县建构旅游目的地经历了一个从不自觉到自觉的认知过程。早期由于旅游资源不凸显、地理位置偏远以及交通基础设施不足等，L 县的旅游市场开发落后于全国甚至云南省的其他地区，走过了从分散景点的粗放式开放，到深耕细作逐渐打造旅游体系，再到集中精力培育旅游标志物，最后到旅游目的地建构不断成熟的过程。他指出，正是"先天不足"刺激着 L 县敢于打破常规、转变思路、积极创新，进而在旅游目的地的建构上实现突破，为其他地方积累并提供了丰富旅游内涵、加强规划建设、提升管理水平、做好宣传推介、勇于二次创业等几大方面的有效经验。施海涛博士同时指出，尽管 L 县旅游目的地在全国范围来看都比较成功，但同样面临过度依赖单一标志物、游客参与度较低、市场周期性波动以及政府主导与群众意愿不相协调等问题。施海涛博士总结提出旅游标志物是旅游目的地的灵魂，旅游目的地要形成景观群、休闲圈、文化带和符号丛，旅游目的地建设必须作为一个动态的进程不断推进，这无疑为我们进一步认识和把握旅游目的地建构提供了重要的启示。

目前，我国旅游产业、旅游市场和旅游经济正处在蓬勃发展阶段，各地对旅游目的地的建构实践可谓异彩纷呈、丰富多样，其中的经验做法与失误困难均需要及时进行总结提炼，而无论是旅游目的地建构"小课题"还是旅游"大课题"远未定型，仍需要也应该得到持久关注和深入研究。因此，亦希望早日看到施海涛博士新的研究成果，推动旅游基础理论研究深入拓展。

是为序。

杨 慧

2017 年 8 月 18 日

目 录

引言：先期而至的大旅游时代 …………………………………… 001

第一章 汇入江海：轻启旅游目的地建构之门 ………………… 005
  第一节 L县的人文与山川 ……………………………………… 006
  第二节 "小三峡"的春水 ……………………………………… 014
  第三节 开创新天地 ……………………………………………… 022
  第四节 打造旅游体系 …………………………………………… 033
  第五节 小结 ……………………………………………………… 037

第二章 金色之花：旅游标志物的培育 ………………………… 038
  第一节 L县油菜的前世今生 …………………………………… 038
  第二节 作为旅游标志物的花海 ………………………………… 051
  第三节 油菜转变之路 …………………………………………… 067
  第四节 小结 ……………………………………………………… 076

第三章 借花升华：旅游目的地再造与提升 …………………… 079
  第一节 丰富旅游内涵 …………………………………………… 079
  第二节 加强旅游目的地建构规划 ……………………………… 086
  第三节 提升旅游管理水平 ……………………………………… 087

第四节　旅游宣传促销 ································· 090
　　第五节　推进旅游二次创业 ······························ 092
　　第六节　小结 ······································· 098

第四章　注入性灵：旅游目的地文化建构 ···························· 100
　　第一节　发掘整理景区景点民间传说 ························· 101
　　第二节　创作大型歌舞剧 ································· 107
　　第三节　神话的传播 ···································· 117
　　第四节　小结 ··· 120

第五章　花期之囿：L县旅游的围困与解困 ························· 121
　　第一节　金色困局 ····································· 121
　　第二节　突围之路 ····································· 139
　　第三节　小结 ··· 146

第六章　结论：旅游目的地建构的基本模式 ························· 152
　　第一节　培育旅游标志物 ································· 152
　　第二节　旅游场域建构 ··································· 158
　　第三节　景观神圣化 ···································· 167
　　第四节　动态的进程 ···································· 170
　　第五节　小结 ··· 179

参考文献 ··· 181

后　　记 ··· 194

引言：先期而至的大旅游时代

人类学家萨林斯（Sahlins）认为，旅游是"与经济动态相适应的上层建筑对应物"。显然，这种观点是富有洞见的。很难想象，没有政治、经济、文化的繁荣发展和稳定，旅游之花会绚丽斑斓。

旅游是什么？是人们为了寻求精神上的愉悦，而暂时地离开自己的日常生活和日常居住地，去体验差异和感受别致的一段从日常出发又返回日常的旅行。人类学家认为，旅行的意义在于洗去铅华，让生活重新充满生机，因此，旅游是神圣的旅程，是一种现代化世俗仪式。而旅游时代又是什么？对这一概念的解读，虽然千态万状，但其核心是统一的，就是旅游产业大发展、游客人数大增长、旅游经济大繁荣的新时代。中国大旅游时代的开启，与社会开放、经济复苏、政治松绑是同步的，这一历程，恰好验证了旅游作为一种上层建筑存在的科学性、合理性。

在中华民族奔腾不息的历史长河中，有很多重要的历史节点，它们犹如一个个醒目的坐标，勾勒出中华民族发展演进的大轮廓。在这些节点中，1978年12月召开的十一届三中全会特别醒目。"这一决定当代中国命运的关键决策，是一次中华民族踏上全面复兴的伟大征程，是以崭新的姿态重新屹立于世界民族之林的重大体现。"[①] 中国共产党十一

[①] 何五星、牧歌编著《改革开放30年三次浪潮全实录》，河南文艺出版社，2009，第1页。

届三中全会对中国历史走向的影响是全方位的,会议的一系列重大决策,使古老的中国从封闭与孱弱中走出,开启了吐故纳新的新时代,而随着国门放开、政治放压、经济放活、社会放松,旅游时代也在国际游客的脚步声中悄然开启。旅游业随着改革开放力度的加大而异军突起,成为推动中国经济社会发展的重要力量之一。有关资料显示,改革开放后的第一个十年,中国的旅游接待人数和外汇收入分别相当于1978年的17.5倍和8.5倍,十年间年平均增长率分别达到33.1%和24.1%。而到改革开放后的第二个十年,截至1998年,全国累计接待了近2亿海外旅游者,外汇总收入达137亿美元。[1] 时光继续移动,到了2006年,旅游业已经成为中国国民经济的重要产业,各省区市党委政府更加注重旅游业的发展,其中25个省区市把旅游业确定为支柱产业或先导产业,形成了"党委重视、政府主导、市场运作、各方支持"的良好格局。[2] 可见,大众旅游的潮水已经在中国澎湃开来,中国已经迎来大旅游时代。

大旅游时代的造就,伴随着一个重要的话题——旅游目的地建构。旅游目的地建构,顾名思义,就是通过系统整合、开发、提升,使具有一定旅游开发禀赋的地区真正成为具有较高知名度的旅游目的地。从某种程度上看,旅游目的地建构的过程,就是旅游发展的历程。正是一个个不断凸显的旅游目的地,举托和造就了中国的旅游时代。

尽管今天的云南旅游面临重重困境,但在中国旅游时代造就过程中,云南的确是一枝独秀,并且在一定程度上发挥了示范和引领作用。云南旅游之所以能脱颖而出,除了自身独特的资源禀赋外,还与中国改革开放的总设计师邓小平的鼓励有关。相关资料显示,1978年,邓小

---

[1] 《中国旅游年鉴》编辑委员会编《中国旅游年鉴(1990)》,中国旅游出版社,第3页。
[2] 中华人民共和国国家旅游局编《中国旅游年鉴(2007)》,中国旅游出版社,第3页。

平同志和国家民航总局、旅游总局负责同志有过一次谈话,而其中专门提到了云南。"利用外资建旅馆可以干嘛!应该多搞一些。昆明、桂林、成都都可以搞,一个地方设 1000~2000 个床位。昆明搞一个旅游点,包括西山和附近的石林,以及西双版纳的热带植物研究所,可以安排游客看一个星期。石林要整理一下,要种些树,让风景更优美一点,现在太荒凉。石林很宝贵,中国有一个,意大利有一个,但我们的石林比意大利的好得多。"① 在中国,政府是旅游产业发展及旅游目的地建构的第一推手,而最高领导的谈话,直接将云南推向了旅游开发的第一梯队。天时地利人和的耦合,使云南旅游呈现蓬勃发展的态势,并开创了富有特色的"云南模式"。

中国旅游产业中的"云南模式",体现为"五个率先"。② 一是率先确立支柱产业地位。早在 1995 年,云南省第六次党代会就将旅游业列为全省四大支柱产业之一,把旅游业纳入经济社会发展的总体战略进行部署和实施,使云南旅游走上了产业化快速发展之路。二是率先推行政府主导型发展模式。较早开拓性地成立省级层面的旅游产业领导小组,强化统筹协调,设立旅游发展专项基金,提升旅游生产力。三是率先积极探索产业转型升级。集中精力打造了一批观光和度假相结合的旅游精品,加大了文旅融合力度,在国家公园、高尔夫旅游等新产品、新业态方面进行了积极探索。四是率先开创旅游目的地整体营销。早在 20 世纪 80 年代,"美丽的西双版纳"作为一个旅游目的地的形象塑造,在全国就已家喻户晓。香格里拉品牌的成功,极大地提高了大理、丽江、迪庆旅游目的地的知名度和影响力。而"七彩云南、旅游天堂"整体

---

① 云南省旅游局、云南省政府研究室编《云南旅游年鉴 (2003)》,德宏民族出版社,第 3 页。
② 李富强、胥建华:《中国旅游产业发展的"云南模式"》,人民论坛网·人民时政,2015 年 2 月 5 日。

形象的宣传，更是让云南旅游蜚声海内外，吸引力大幅度增强。五是率先拉开省级旅游综合改革序幕。2009年，云南成为全国首个以产业为主线的旅游综合改革建设试点省份，开展了一系列试点工作，建立了部级联系协调制度，在恢复边境旅游异地办证、跨境旅游线路审批等方面取得重大突破。此外，云南积极推进旅游管理体制改革，在全国（继北京、海南之后）第三个成立了省旅游发展委，大部分州市组建了具有综合协调职能的旅游行政管理机构。

中国旅游产业发展的"云南模式"后面，鲜明的特征是政府的高位推动，这使旅游的潮水在彩云之南汹涌澎湃，边陲之地因绚丽多姿的民族文化和旖旎多样的自然风光，成为中国旅游最具代表性的一极，且率先迎来了充满机遇和挑战的大旅游时代。这个先期而至的大旅游时代，是伴随着一个个旅游目的地建构的精彩故事而来的，其中L县的旅游目的地建构实践与经验是一个缩影、一个范例，也可以说是一个传奇。

图 0-1　L 县县城

说明：旅游目的地建构带动了城市建设，居于滇桂黔三省毗连之地的L县不断焕发出生机。

第一章　汇入江海：轻启旅游
　　　　　目的地建构之门

　　新中国成立以来到1979年，我国基本上处于封闭状态，旅游业接近空白。根据相关资料统计，1978年，我国入境旅游者仅为180.92万人，旅游外汇收入不到3亿美元，居世界第41位。改革开放以后，我国旅游业迅猛发展，从1990年到2000年，入境旅游人数以平均每年11.8%的速度递增，国内旅游人数与国内旅游收入分别以平均每年13.9%和47.2%的速度增长，继而成为世界第六大旅游国。[1] 可见，旅游业作为新的经济动力，为刚刚开启国门的中国经济注入了新鲜血液、带来了生机活力。鉴于旅游产业的巨大经济拉动力，国家开始从战略高度重视旅游产业的发展，从中央到地方纷纷将旅游产业作为支柱产业加快建设。在此背景下，携带着大量财富的旅游洪流也吸引着云南L县人的目光，他们以躁动的目光审视着山川、河流、溶洞，希望能够找到发展旅游业的闪光点。经过数年的谨慎探索，经历了开发与不开发的博弈和从谨小慎微到激烈冒进，L县最终完全投入旅游开发的滚滚洪流，并成为一个广受游客青睐的旅游目的地。

---

[1]　蔡升桂：《试析中国旅游业的发展概况》，《经济与管理》2001年第10期。

第一节　L县的人文与山川

即便是在全域旅游成为时尚的大旅游时代，也并非每一个地方都能成为旅游目的地。有学者认为，旅游目的地的发展需要具备三个层次的要素。一是吸引要素，即各类旅游吸引物，包括有形的、无形的吸引物，也包括物质性的、非物质性的因素。旅游吸引物产生的是吸引旅游者从客源地到目的地的直接吸引力，以此为基础形成的旅游景区（点）自然是"第一产品"。二是服务要素，即各类旅游服务项目的综合。与旅游相关的其他设施及服务虽然不是旅游者访问目的地的主要因素，但是它们作为"第二产品"，将会影响旅游者的整个旅游经历。因此，当两地旅游吸引物存在替代关系时，服务质量优劣、设施完善程度、交通便捷程度就会对旅游者的目的地决策产生重大影响，从而使交通、旅游设施及服务成为辅助吸引力的依托，与旅游吸引物共同构成旅游地的整体吸引力的来源。三是环境要素。环境要素既是吸引要素的组成部分，也是服务要素的组成部分，更重要的是一个旅游目的地的发展条件。这其中的供水系统、供电系统、排污系统、道路系统等公用设施，医院、银行、治安管理等机构以及当地居民的友好态度等作为"附加产品"，与旅游吸引物等共同构成目的地的整体吸引力，因此也是非常重要的。可见，旅游目的地建构必须建立在科学论证的基础之上，而这种科学论证则必须建立在对美的认知能力之上，即需要发现美、发掘美、彰显美。

世界上并不缺少美，缺少的只是发现美的眼睛。对于旅游目的地建构而言，发现美的眼睛显然特别重要。面对倏然而至的旅游大潮，L县的决策者们思路是清晰的、目光是独特的，他们审视境内的山川、河流、土地，综合考虑历史与当下，获得了投入旅游开发洪流的勇气。居于滇桂黔三省结合部、以"鸡鸣三省"闻名、经济社会发展水平均较为平凡的 L 县满怀信心汇入旅游开发大江大河的勇气,来自文化自信、国家西部大开发惠民政策以及地方政府提升社会经济文化水平的强烈愿望。

一 徐霞客的游踪

在中国文化史中,徐霞客是一个特殊的存在,可以说早已成为旅游的象征符号。他所到之处都可以进行旅游开发,都能够成为旅游目的地。因此,很多地方在进行旅游资源开发的时候,都会到《徐霞客游记》中寻找线索与依据。触动 L 县投入旅游开发实践的,首先就是"游圣"的游踪以及"游记"中有关 L 县篇幅不小的记录。1638 年,农历八月十七日,一路穿越惊险和泥泞,徐霞客告别了师宗山水,进入 L 县地界。在 L 县,徐霞客一路探访,并对诸多奇异景色做了记录。后人将《徐霞客游记》中关于 L 县景点的记录[1]总结成为如今的"古十景"。

第一景是腊山玉带。"腊山"指的是县城西南的白腊山,此山峭拔奇秀,为 L 县第一高峰。《徐霞客游记》载曰:"白腊山,在城西南十余里,顶高十余里,其麓即在西门外二里。上有尖峰,南自偏头寨,北抵州西北,为磨盘山过脉,而东又起为束龙山者也。此山虽晴霁之极,亦有白云一缕,横亘其腰如围带,为州中一景。"[2] 关于白腊山,L 县文人窦居复曾有诗赞誉:"试看罗雄[3]第一峰,腰缠玉带为谁缝。岗笠白练三千仞,凝悬银河下九重。"白腊山在 L 县人心中具有神山地位,在民间,有很多关于此山的传说。"玉带"指腊山湖和玉带湖。腊山湖位

---

[1] (明) 徐霞客著,朱惠荣校注《徐霞客游记》,云南人民出版社,1985,第 754~768 页。
[2] (明) 徐霞客著,朱惠荣校注《徐霞客游记》,云南人民出版社,1985,第 759 页。
[3] L 县旧称罗雄,现 L 县城所在地依然称为罗雄镇——笔者注。

于白腊山主峰下，湖面呈带状分布，此湖傍山蓄水，终年长青，湖呈环形展布，四周群山绵亘，山峰高耸。玉带湖位于县城东南白腊山主峰下，亦傍山蓄水，终年长青，湖中有岛如鸳鸯，湖水绕岛，水色澄碧，如玉带倒映，恍如置于仙境。岛上及两岸林木郁郁葱葱，岸边岛旁水草青绿，野花芬芳，翠鸟啼鸣，景色清静秀丽。

第二景是太液澄波。《徐霞客游记》中对太液湖的记载相当含混，仅有"城东北隅汇水一塘，其下始有禾畦，即东门接壤矣"。[①] 但在L县人的心目中，城里这一泓清澈的湖水是白腊山神之女白腊公主的眼泪。而美丽善良的公主之所以流下眼泪，是为了解救经常遭受火灾的L县百姓。[②] 今天的太液湖，虽然已经没有往昔的波光粼粼，太液澄波的意境也难以领略，但依然是太液湖公园的点睛之景。太液湖公园位于L县县城中心九龙大道旁，占地120亩，由正门广场、腊山仙子广场、湖心岛、儿童乐园组成，是市民休闲娱乐的好地方。

第三景是九挽渡。L县人只记得"古十景"中有一景名为"九挽渡"，也知道这一景写的是该县九龙镇的九龙桥，但已经无法解释当时的"九挽渡"是怎样打动了徐霞客的心，让他产生"丝丝柔情，九重挽渡"的万千柔肠。

第四景是三峡悬流。"三峡悬流"的美好景致至今依然打动着游人的心。这一景观是由得天独厚的地质构造和水流的长期侵蚀形成的十级高低、宽窄不等，形态各异的瀑布群。遥想当年，徐霞客拖着疲惫的身体来到这里，壮美的景色一定让嗜景如命的他得到了不小的宽慰。

第五景是金鸡独立。此景位于L县城东北金鸡村，是关于金鸡山的形象喻指。金鸡山上，石高万丈，峙立山腰，形若雄鸡，路人观之，神

[①] （明）徐霞客著，朱惠荣校注《徐霞客游记》，云南人民出版社，1985，第760页。
[②] 唐似亮编著《L县景区景点传说·太液湖》，中国文联出版社，2002，第10页。

往止步。关于金鸡山,清代文人有楹联曰:"一览遍尘寰,四看天马悬空,曾到岩前勒住;万笏朝地座,忽听金鸡报晓,疑从海上飞来。"这一美景,今天更具特色,是游人前往 L 县必看景点。

第六景是石虎悬崖。徐霞客关于"石虎悬崖"的记载是:"饭后下山……泞滑更甚于昨,而浓雾充塞,较昨亦更甚。一里抵昨所入坞中,东北上一里,过昨所返辕处。又一里,逾山之冈,于是或东或北,盘旋岭上。八里稍下,有泉一缕,出路左石穴中。其石高四尺,形如虎头,下层若舌之吐,而上有一孔如喉,水从喉中溢出,垂石端而下坠。喉孔圆而平,仅容一拳,尽臂探之,大小如一,亦石穴之最奇者。"[①] 关于这一景点,徐霞客还记载了一件颇为神奇的事:"余时右足为污泥所染,以足向舌下就下坠水濯之。行未几,右足忽痛不止。余思其故而不得,曰:'此灵泉而以濯足,山灵罪我矣。请以佛氏忏法解之。如果神之所为,祈十步内痛止。'及十步而痛忽止。余行山中,不喜语怪,此事余所亲验而识之者,不敢自讳以没山灵也。"[②] 此景深埋于群山之中,少有人探访,至今是否依然有"神泉"流于"虎口"也再没文献可查。

"古十景"中第七景温泉漱玉、第八景曲水金花、第九景峭壁仙锄、第十景石壑甘泉已经被时光冲刷而去。今天的人们已经难以感受"游圣"徐霞客当时邂逅这些美景时的激动和愉悦心情。事实上,"古十景"在 L 县旅游中的意义并不在于它们能否继续获得游客凝视,而在于它们作为符号存在,使 L 县与旅游结缘,使 L 县人产生了一种旅游思维和旅游情结。正是因为这种思维和情结的存在,L 县人才能够在汹涌澎湃的旅游大潮中想到通过旅游来振兴区域经济,从而别出心裁,建构自己的旅游体系,使"秀甲迤东"的 L 县成为旅游目的地。当然,在

---

① (明)徐霞客著,朱惠荣校注《徐霞客游记》,云南人民出版社,1985,第756页。
② (明)徐霞客著,朱惠荣校注《徐霞客游记》,云南人民出版社,1985,第757页。

人们心中,"古十景"的凋零依然是一种无法弥补的遗憾,笔者在访谈中就曾多次听到这样的论述:"如果'古十景'依然健全,那将是多么重要的旅游资源啊!"但是,L县人没有在遗憾中长吁短叹,也没有蹉跎岁月,他们深知,自然山水的流变正如同春秋轮换和生命更迭一般,无法阻止、不可回避,唯一能做的是脚踏实地地努力和奋斗,把当下做得最好。

二 工业文明之花

"鲁布革"是布依族语的汉语读音,意思就是山清水秀的布依族村寨。这个村寨距离L县县城46公里,坐落在云贵两省界河——黄泥河畔的山梁上,原本是一个名不见经传的偏远山村。1983年,国家重点建设项目——鲁布革水电站开工建设,"鲁布革"声名远播。

电站工作人员介绍,鲁布革水电站采用了当时最为先进的水利工程技术,整个建筑由首部枢纽、引水工程系统、地下厂房系统和泄洪建筑物组成。其中,电站大坝连接云贵两省,坝高100多米,是国内第一个采用砂页岩风化材料作为防渗心墙的土石混合坝。大坝的泄洪建筑物有左右泄洪洞,直径均超过10米,其中右岸泄洪洞是水库底孔,可起到泄洪、排沙、放空、导流四结合的功能和作用,其进水塔高78米,为当时云南最高建筑物。大坝的引水工程系统布置在河的左岸,设有直径8米、长度近万米的引水隧道洞沟。此外,鲁布革水电站的厂房枢纽工程采用全地下深埋式。

除了精巧的设计工艺,鲁布革水电站的建设实际上推动了中国水电建设模式的变革,而这种变革的意义是非常巨大的。中华人民共和国成立以来,我国大型水电工程建设一直采用自营制方式,也就是国家统一拨款,国营单位施工,建成后移交电力管理部门生产运行,收益上交国家,在资金使用、工程进度、质量成本等方面都由工程局负责,没有现代意义上的项目管理概念。改革开放后,随着对内改革与对外开放政策的实施,国家把工作重点转移到经济建设上来,而随着经济发展脚步的加快、用电量的增加,对水电建设的要求越来越高,甚至一度出现了高潮。但是,百废待兴的中国资金短缺、技术落后,水电发展的步伐明显跟不上经济发展的需要,而缺乏电力的驱动,改革与发展的步伐必然受到影响。面对这种窘境,唯一的路径就是通过正在开启的国门,寻求国际市场资金,但是迈出这一步需要极大的改革勇气。因为在当时的历史条件下,对利用外资,包括世界银行贷款还存在疑虑,特别是在利用外国贷款时,借款人必须履行的一些承诺和条件,尤其是涉及体制和管理方式的改革,还没有被人理解和接受。面对利用外资上马还是因资金短缺搁置的艰难抉择,电力部门做出了顺应改革开放大潮的选择,决定鲁布革水电站部分建设资金利用世界银行贷款,并于1983年成立鲁布革管理局,第一次引进了业主、工程师、承包商的概念,令人耳目一新。鲁布革局部工程进行国际竞争性招标,将竞争机制引入工程建设领域,日本大成公司中标进入中国水电建设市场,夺走了中国工程局嘴边的肥肉,形成了"一个工程、两种体制"的局面。

事实上,鲁布革水电站建设对于改革开放初期的中国而言,其意义绝不止利用外资化解资金短缺的问题,对中国水电发展也产生了极其深远的影响,直接促进了中国的改革开放。王克明、彭全刚、吴之明在《从鲁布革到二滩——中国水电建设项目管理与国际接轨的历程和启示》一文中指出,"鲁布革电站在引进外资的同时也引进了国外长期在市场经济条件下形成的并为社会公认的规则,即被称为'国际惯例'的市场运作法则以及项目管理的理论和方法"。此外,鲁布革水电站所采用的"一个工程、两种制度"的做法,使重新融入世界的中国相关领域决策者和工程技术人员通过对比和思考,看到了比先进的施工机械背后更重要的东西,很多人开始反思计划经济体制下建设管理体制的弊端,探求"工程马拉松,投资无底洞"的真正症结所在,形成了以"冲击、突破、反思"为特点的"鲁布革冲击波"。可见,鲁布革水电站是改革开放后在中国盛开的一朵现代工业文明之花。这朵盛开的"花"吸引了无数人的目光,使万山丛中的"鲁布革"成为现代工业文明的"圣地"。

此外,鲁布革水电站高耸云天的水坝,让奔流狂野的黄泥河犹如套上缰绳的骏马,顷刻间变得俊逸温顺,形成了长约20公里、库容量上万立方米的高峡平湖。被驯服成湖的黄泥河与周围的峭壁、古木、花鸟、村落相映成趣,成为充满魅力的悠游之处,泛舟其中,令人心旷神怡、流连忘返。这也为后来进行旅游开发奠定了坚实的基础。

图1-1 鲁布革水电站

说明:鲁布革水电站的建设以及由此产生的"鲁布革冲击波"让群山深处的L县广受世界凝视,这其中也有游客的凝视。

三 独特秀美的河山

从自然地理的角度来看,L县地处滇东高原向黔西高原过渡的斜坡之上,其西部和北部是较为完整的滇东高原,中部属于岩溶断陷湖形盆地,东部和南部受河流侵蚀、切割,形成中低山和峡谷相间的地貌,地形结构复杂，山川峡谷众多。从气候环境来看，夏季受暖湿气流影响，多大雨和暴雨；冬季受昆明静止锋控制，常阴雨连绵，年均降雨量为全省之最，年均相对湿度为85%，年均日照时数为1685小时，年平均气温为15.1℃，年均无霜期为280天。独特的地理和气候条件，孕育了独特的人文与山水，形成了独特的文化与景观。

独特的气候条件，造就了独特的生态农业。独特的温度、湿度和土壤条件，使L县中部盆地非常适于油菜生长，因此，油菜也成为L县重要的农作物之一。每年二、三月，菜花怒放，溢彩流金，美不胜收，县城所在的坝子化为一个硕大无比的大花盆，形成"花潮起伏，延绵万亩"的壮丽景观。花海之中，别具韵味的喀斯特锥形山不时突兀而出，有画龙点睛之妙，使L县花海较国内其他花海而言，更显雅致、灵秀，更富有特色，更动人心旌、令人流连。

独特的自然地理，造就了独特的山河。L县境内分布着九龙河、块泽河、黄泥河、大八大、多依河等25条河流，这些江河在L县境内纵横蜿蜒，并汇集于三江口，经广西注入珠江，归于南海。这些河流带来了充沛的水量，滋润了L县的山川和土地，而且与当地独特的喀斯特地形相映成趣，在岁月侵蚀中，形成了诸多地貌奇观。也正是因为这些奇观，徐霞客在饱览L县山水美景后，留下了"著名迤东"之感叹。

独特的山水，孕育了独特的文化。L县境内居住着布依、彝、回、苗等少数民族，其中布依族所占比重最大。相对于其他少数民族，布依族在语言、服饰、生产生活、居住环境、婚丧嫁娶等方面都保存着古老的传统，因此，布依文化是L县少数民族文化中较为闪亮的。布依文化主要体现在"二月二"和"三月三"两个民族节日中。"二月二，龙抬头，男女老少出竹楼"，"二月二"是布依族传统的对歌节，这一天，九龙河、块泽河、黄泥河沿岸和贵州邻近的布依族青年男女便云集九龙河对歌求偶，热闹非常。除了对歌，在这样温馨浪漫的节日里，丰富多彩的民俗活动是不会缺席的,因此,"二月二"不仅是对歌节,还是布依文化节。"三月三"是布依族祭祀山神、水神的传统节日,节期历时六天,其间男女老幼身着节日盛装,所有布依族村庄被一种神圣的仪式感笼罩着。

总之,L县的秀美山川和绚丽文化,使其具有了独特的资源禀赋,具备了进行旅游开发的诸多吸引要素,而将这些颇具吸引力的要素进行系统整理、升级改造、文化诠释、宣介推广的实践,便是旅游目的地建构的基本内涵。

图 1-2　L县山水

说明:绚丽秀美的山川触动了L县人的旅游情思,他们开始探寻通过旅游产业提升社会经济发展水平的道路。

第二节　"小三峡"的春水

虽然有《徐霞客游记》中"著名迤东"的赞美,有"古十景"的雄壮与秀丽,有富有特色的山水之美,但是,L县旅游并未搭上云南旅游的头班车，直到 20 世纪 90 年代初期才露尖尖角，而此时云南旅游已初具规模，昆明、大理、丽江、西双版纳、保山、瑞丽、红河等旅游目的地建构已初具规模，并获得了较为可观的旅游收益。L 县旅游之所以凸显出来，得益于鲁布革水电站的修建：鲁布革水电站产生的强大的"冲击波"，①使居于滇桂黔三省边缘的 L 县引来了全国乃至全世界关注的目光。对于旅游开发而言，这种凝视至关重要。对于以山为主的云南而言，鲁布革水电站蓄水，高峡出平湖，为 L 县旅游这池"春水"注入了活力与性灵，从而催开了 L 县旅游的绚烂繁花。②库区蓄水淹没土地带来的失地农民生计问题则成为旅游开发的最直接动力。

一 发现"小三峡"

水电站下闸蓄水而形成的"高峡平湖"淹没了许多土地和村庄，农民失去了赖以生存的土地。这些村民怎么安置？问题摆在了 L 县县委、县政府面前。几经斟酌、几经博弈，县委、县政府决定通过让库区失地农民农转非，并专门成立鲁布革库区开发公司来安置适龄劳动力。鲁布革库区失地农民多为布依族，要做好这项工作必须选派布依族干部而且最好是家在库区的干部，于是在县广播站工作的 HLC 作为不二人选被挑选出来，临危受命，担任鲁布革库区开发公司首任经理。鲁布革库区开发公司的主要职责是进行库区维护，但是工作量小，工人的收入相当有限。作为经理，如何增加职工收入是 HLC 时刻在思考的问题。

---

① 鲁布革水电站是我国一座普通的水电站，位于云贵两省的界河——黄泥河上。由于此项工程利用外资，对工程的某些项目实行对外招标，对当时我国工程建设在管理体制、劳动生产率和报酬分配等方面产生了重大影响，因此有"鲁布革冲击"之誉。1987 年 6 月 3 日，时任国务院总理李鹏发表了《学习鲁布革经验》的重要讲话，要求建筑行业推广鲁布革水电站的建设经验。同年 8 月 6 日，《人民日报》头版头条刊登了通讯《鲁布革冲击》，于是"鲁布革冲击波"在全国震荡。
② 《曲靖日报》（纪念建国 60·特别策划）2009 年 7 月 28 日。

随着大坝水位不断高涨，HLC和同事们已经不能坐汽车到达公司驻地鲁布革村，只能划着木船进出。坐在木船上，游弋在碧波中，看着两岸风光，一年前到三峡景区考察学习的情景又浮现在HLC的脑海中，他感觉到鲁布革风光和三峡有些相似，认为鲁布革具有进行旅游开发的比较优势。无数次往返于进出村庄的水路，在鲁布革进行旅游开发的思路以顺口溜的形式在HLC的脑海中渐渐清晰起来：人人都说三峡好，到此一游胜三峡。早上黄山一景，下午桂林风光。当过广播台记者、善于思考并颇有文采的HLC还撰写了散文《美丽的鲁布革风光》，并在云南人民广播电台播出，在《春城晚报》《贵州民族报》等媒体刊登。随后，HLC又在工作之余采访了当地老人，挖掘了鲁布革三峡的一些故事，先后发表了《龙之恋》《鲁布革的羚羊》等文章。[①]

作为鲁布革库区开发公司经理，撰写文章的过程也是HLC进一步整理思路的过程，而这些文章的发表，以及随之而来的少量游客，又进一步点燃了其推进旅游开发的信心。这种信心催生了L县的第一个旅游目的地，也点燃了L县旅游的星星之火。大山深处因现代工业而生的一池春水，成为L县旅游的滥觞之地。如今，HLC依然工作在L县旅游战线上，清瘦的他有些木讷，令人难以想象20年前的他曾以充沛的热情、浪漫的遐想和担当的情怀吹皱了L县旅游的一池春水。"鲁布革三峡的旅游由此起步，L县的旅游由此起步。应该说，鲁布革三峡的旅游，起步之初更多的是企业的经营行为，并无明显的政府背景。也可以说，L县的旅游，一开始就带有浓厚的市场印记，这在1990年代初，在一个市场经济发展不充分的西部小城、在一个偏居一隅的小峡谷，实属难得而少见。还可以说，鲁布革三峡的旅游吹动了L县旅游的一池春

[①] 相关资料来自作者对HLC本人的访谈。访谈时间为2011年5月28日，访谈地点为L县新中源酒店。

水。"①《曲靖日报》一篇题为《L县无处不飞花》的专题报道中,这样描述 L 县旅游与鲁布革三峡旅游的关系。

"《美丽的鲁布革风光》《龙之恋》《鲁布革的羚羊》等文章发表后,零星的游客来到鲁布革游玩,这使我们看到了希望,也进一步坚定了我们搞旅游开发的信心,于是通过旅游开发增加公司收入、改善员工待遇的提议被纳入议事日程。"② 说起鲁布革三峡的旅游建构,HLC 仿佛又回到了 20 年前。他的目光突然明亮起来、话语突然流畅起来,可以看出,对于这位后来在 L 县旅游大潮中逐渐被推向边缘的创业者而言,那是一段令他难忘的激情岁月。

图 1 – 3　鲁布革三峡
说明:鲁布革水电站大坝蓄水而成的"高峡平湖"以及"小三峡"景观成为 L 县的第一个旅游目的地。

鲁布革库区开发公司在进行旅游开发方面争议不小。这种争议是合乎情理的,因为在当时的边陲小城 L 县,旅游尚属新生事物,更何况要在人迹罕至的水电站库区搞旅游。经过反复论辩,旅游开发最终在鲁布革库区开发公司达成了共识,成为一项创新性工作开始启动,并制订了

---

① 《曲靖日报》(纪念建国 60·特别策划) 2009 年 7 月 28 日。
② 来自笔者对 HLC 的访谈。

长远发展目标。当 HLC 把旅游开发计划报到县里的时候，县领导的答复是："没有钱，要干只能自己想办法筹集经费。"在 HLC 看来，这是默许，于是真的自己想办法办起了旅游。

二　建构"小三峡"

鲁布革水电站库区蓄水产生的高峡平湖以及两岸的秀丽景观是"小三峡"景区的核心吸引物，因此，游船是关键，而要让游船下水，必须有人驾驶游船，有人在游船上接待游客并进行景区解说。HLC 和他的团队决定多头并进，分头解决问题和困难，启动鲁布革三峡旅游目的地建构之旅。

关于游船的问题，在广泛市场调研的基础上，HLC 决定前往四川乐山订制游船。为了加快工作进度，他们带上单位的印章，在乐山就和造船厂签订了合约，请对方为其打造一条可乘坐 150 人的大船和 6 条小船。在等待造船的时间里，HLC 和他的团队一方面积极与相关院校联系，派出公司里综合素质比较好的员工前往学习船舶驾驶和维修技术；另一方面选派部分员工前往旅游开发经验比较丰富的大理学习旅游服务知识，并请云南人民广播电台记者对旅游服务人员进行普通话培训。

与此同时，鲁布革三峡景区的规划工作也在推进，而规划的重点便是对景区进行文化塑造。景区的规划是在一次次现象之旅、浪漫之旅、激情之旅的碰撞与磨合中渐趋成熟的。经过一次次富有想象力的诠释与再诠释，鲁布革三峡由昔日人迹罕至的高山峡谷化身为处处镌刻着文化符号且自然清新的旅游目的地。通过旅游目的地建构，鲁布革三峡分别被命名为雄狮峡、滴灵峡、双象峡。其中雄狮峡为第一峡，因峡口西岸岩上巨石酷似雄狮镇守峡口而得名，该峡长约 3 公里，两岸峭壁摩天，峻奇无比；滴灵峡为第二峡，"滴灵"为布依语猴子之意，因谷内经常有猴子出没而得名，该峡长约 2 公里，幽深险峻，气象万千；双象峡为第三峡，因峡口两山似双象饮水而得名，该峡谷长约 5 公里，峰回路转，意境天开，引人入胜。在三峡之间，众多富有想象力的景点，犹如一颗颗明亮的珠玑，为谷间清流注入无限灵秀之气。乘着游船顺江而下，美女梳妆、猴子捞月、华山一角、龙宫悬笋、双象饮水、峭壁仙影、悬崖坐佛等景点渐次映入眼帘，令人在清风、清流间感受大自然之奇妙和毓秀。

船造好了，派出学习的工作人员也相继归来，旅游开发的条件已基本具备。于是，在 1992 年 5 月 4 日这一天，HLC 筹办了一个隆重的游船下水仪式，而这一天，也可以称为 L 县旅游的生日。当天，L 县各套班子领导全都到齐了。在船舱中，他们对旅游这一新生事物议论纷纷，有人认为富有开拓精神，有人认为是不务正业的荒诞之举。但是，HLC 并没有因为部分领导批评而丧失信心，因为在不远处的岸边，已经有游客在等待乘船游览鲁布革风光，这些游客多来自昆明、贵阳等地。因此，在满载 L 县委、县政府领导的游船即将靠岸的时候，HLC 意味深长地邀请各位领导到甲板上看看，明里是让大家下船前再看看鲁布革风光，实际上是想让领导们看看络绎不绝的游客，以及他们带来的希望。就这样，L 县有了自己的旅游项目，并由此拉开了旅游开发的序幕，只是当时并没有人想到，在不久的将来，旅游之水会如同境内的 25 条江河一般滋润这片土地。当然也没有人想到，旅游资源禀赋并不突出的 L 县会进入全国旅游百强县，成为天下游客蜂拥而至的悠游之地。

鲁布革三峡在贵州和云南的分界线上，一面属于云南 L 县，一面属于贵州 X 县。在 HLC 的游船下水之前，对岸的 X 县已经于 1991 年开始了旅游开发。但是，由于 L 县准备充分，且旅游开发起点比较高，各方面都比较规范，加之通达景区的道路条件比较好，对岸的旅游业受到了严重冲击并最终退出竞争。击败竞争对手对于 HLC 和他的团队而言，是一种巨大的鼓励，于是他们又购买了摩托艇等设施，进一步扩大旅游开发规模。

虽然不断有游客前来，但对于一个新兴的旅游目的地而言，要获得很好的经济效益依然是困难的。面对这个问题，HLC决定抓大放小。他意识到要真正做好鲁布革三峡的旅游，需要鲁布革水电站的帮助，而当时由于"鲁布革冲击波"的影响还在，每年到水电站参观考察的人很多。HLC说服公司其他人，坚持做到只要是水电站安排了的游人都免费享受旅游服务。这样，鲁布革库区开发公司搞好了和水电站的关系，水电站也给予库区开发公司更多的支持：一方面，库区开发公司员工可以在水电站食堂吃饭，每天只需要5角钱的生活费，这极大地降低了公司经营成本；另一方面，到了年底，水电站总会一次性给开发公司拨付一些支持经费。

HLC力主进行旅游开发的初衷就是开发使用公司人力资源，增加公司职工收入。随着旅游效率的不断显现，鲁布革库区开发公司职工的收入有了明显增加。旨在解决库区移民生计的鲁布革库区开发公司因为较好地解决了移民的生计问题而获得了上级部门的肯定，被认为是水电移民安置中成功的例子。水利部、国家民委等都曾派人前往鲁布革进行调研，HLC也应邀参加了会议。时任水利部部长的钱正英也曾到L县，了解鲁布革水电站库区移民安置方面的经验。

三　升华"小三峡"

当鲁布革三峡旅游走上正轨之后，以HLC为代表的一帮理想主义与现实主义完美结合的L县旅游创始者并没有就此停下脚步，而是乘势而上，为L县旅游干了一件具有开创性意义的大事。

为了继续借用"鲁布革冲击波"的影响，鲁布革风景区成为L县

图 1-4 鲁布革三峡的游船
说明：穿行在碧波之上的游船以及络绎不绝的游客点燃了 L 县旅游的希望之灯。

申报的第一个省级风景名胜区。但是相关申请报到省旅游局后 HLC 等才发现，贵州已经先于云南申报了鲁布革风景区，于是只能将多依河放在前头，申报多依河-鲁布革风景区。带着大量的图片和文字资料，HLC 前往省旅游局汇报，报送申报多依河-鲁布革风景区为省级风景名胜区的相关图片。看到 HLC 提供的关于 L 县九龙瀑布群的照片后，相关负责人以为 HLC 用贵州黄果树瀑布的风景照糊弄自己，很不高兴地扔下一句，"从未听说过 L 县有什么旅游资源"，便闭门谢客。这位领导为什么对 L 县旅游有那么大的成见呢？采访中 HLC 为笔者讲了一个故事，其中折射出的是 L 县旅游发展的艰难曲折以及个中缘由。故事是这样的：南昆铁路开工之前，云南省和贵州省曾联合对沿线的旅游资源进行了考察。当时，L 县并不重视旅游开发，因而对本次调查也就不很重视。隔壁的贵州则不同，旅游局局长亲自带车到 L 县政府招待所迎接考察组，并充分介绍了贵州省的旅游资源。这样，在调查组中就形成了 L 县没有旅游资源的印象，从而也使 L 县丧失了及早进入旅游资源开发轨道的机会。

虽然吃了闭门羹，但是 HLC 和他的同事们并不灰心，几经周折，他们又找到省建设厅并说服一名处长实地考察调研。这位处长抱着看一看的态度来到 L 县，却被 L 县的旅游资源深深吸引了。HLC 介绍说，建设厅的这位处长在多依河一口气拍掉了 17 卷胶卷，在九龙瀑布群又照完了最后 10 卷胶卷，并大发感慨，L 县的许多旅游景点根本不亚于九寨沟。随后，通过这位处长的图片，L 县的旅游终于走进了云南省最高旅游行政主管部门的视线。省旅游局、省建设厅等部门组织专家对 L 县进行旅游资源调研，并给出了《L 县多依河－鲁布革风景资源调研评价报告》。随后，《多依河－鲁布革风景资源调研评价报告》在昆明通过专家组的评审，多依河－鲁布革风景区入围省级风景名胜区。此举不仅是鲁布革三峡旅游的升华和蜕变，对 L 县旅游而言同样具有标志性的意义。

在忙碌的工作中，时间悄然滑过 1992 年。对于 L 县旅游而言，这一年是温暖的春天，一切都才刚刚开始，充满希望、生机与活力。对于以满腔热情点燃 L 县旅游之火的 HLC 而言，一个重大变动也在年底悄然而至，不同的是，这一变动是他在 L 县旅游中逐步走向边缘的开始。离开鲁布革库区开发有限公司，HLC 受命成立旅游区管理机构——鲁布革风景区旅行社。

第三节　开创新天地

鲁布革三峡旅游开发的成功以及随之而来的一系列社会正效应对 L 县旅游的发展具有十分重要的意义。这种意义，主要体现在鲁布革三峡旅游开发的成功改变了 L 县决策层对旅游的态度，他们逐步形成了通过旅游开发发展县域经济的共识。这种共识的形成，有效破解了 L 县旅游目的地建构的政治、经济、文化、社会等各方面的障碍，从而促使 L 县旅游跨越了民间艰难探索的阶段，进而开创了旅游目的地建构的新天地。

一　凝视河山

当满载游客的游船在鲁布革三峡穿梭而过的时候，L县旅游的星星之火已经点燃，但对于鲁布革三峡旅游的缔造者HLC而言，理想的闸门才刚刚开启，他期待的是旅游之火燃遍整个L县，让L县的所有美景都能成为一种旅游产品，让世人欣赏与领略。"要推进旅游发展，必须得到大多数领导干部的支持"，这是HLC最深切的体会。为了让L县山水的美呈现在更多人面前，为了让有权决定L县是否进行旅游开发的关键人物充分认识L县山水的价值所在，并支持旅游开发，HLC积极促成了L县旅游资源调查工作，并希望以此为L县人，甚至全世界人带来一场视觉盛宴。

在当时的L县领导层中，HLC有一个"知音"，他不仅支持HLC推进旅游发展的想法，而且亲自参与到推进旅游发展的工作中，并经常给HLC出各种各样的主意。怀着在L县全面推进旅游开发的理想，HLC再次找到了这位"知音"，详细阐述了对L县旅游资源进行全面调研，为进行更大范围的旅游开发筑牢基础的想法，并请其牵头推进此事。

如往常一样，这位县领导对HLC的想法十分赞赏，并同意牵头组织相关人员开展L县旅游资源普查。在同时任县委书记、县长沟通之后，县委相关部门同意进行旅游资源调查，并成立临时机构。旅游资源调查小组由时任人大常委会主任牵头，成员包括来自政协、人事局、民委等有关部门的干部，并专门选调了一名摄影技术过硬的工作人员从事摄影工作。旅游资源调查小组成员翻山越岭，认真调查了溶洞、瀑布、河流、群山，并发挥想象力，在充分讨论的基础上为各景点命名。当时，几个怀着激情的人，为景点取名是出于一种非常质朴的情感，因而很有生命力。今天，已经开发的旅游景区景点，依然使用当时的命名。几个月的调查中，调查小组一行把L县的山山水水翻了个遍，而且形成了大量文字和图片材料。这些资料成为L县旅游资源的第一手资料，后来的L县旅游资源开发，基本上都是从这些资料中筛选的。

资源调查结束以后，面对丰富的图片和文字资料，县委、县政府主要领导开始对L县旅游资源开发充满信心，并给予有力的支持。资源调查后，要形成科学的报告，仅靠临时拼凑的几个人自然力不从心，于是县政府出资邀请专业机构支持编制L县旅游资源评价报告，并在昆明通过了评估。随后，L县正式启动了旅游目的地建构工程，其中有很多艰苦的故事，至今回想起来，HLC依然颇多感慨。

二 谨慎探索

旅游目的地建构牵涉面广，影响力大，是地方经济社会文化建设的集合工程，不可能疾风暴雨，亦难大刀阔斧。L县旅游目的地建构也呈现谨慎探索之态，之所以如此：一是因为决策者对进行旅游开发尚未有足够的信心；二是面对"旅游"这一新事物，的确需要进行谨慎探索。这一时期，L县旅游目的地建构主要从以下几方面推进。[①]

1. 成立专门机构

成立专门的组织、协调、领导机构，是推进某项事业的重要组织保障，对于旅游目的地建构而言更是如此。1993年，L县成立了县建设局下属的二级局——旅游局，主抓旅游事务。专门机构的成立标志着旅游开发已经成为L县政府的一项职能。但旅游开发与旅游目的地构建是两

---

① 相关资料参考笔者对L县旅游局相关人员的访谈以及《L县县志》关于旅游的相关记载，访谈时间为2011年1月23日，访谈地点为L县鲁布革大酒店。

个彼此关联但并不重合的概念。笔者认为,旅游开发是指某一旅游项目的建设,而旅游目的地建构则是从区域经济的角度出发,将整个经济区域建设为景观群、休闲圈、文化带、符号丛,从而产生巨大的经济带动力的过程。由此可见,旅游开发是旅游目的地构建的子概念,旅游目的地构建必然要进行旅游开发,但旅游开发的结果并不一定使某一经济区成为旅游目的地。这一时期,旅游局的协调、沟通、统筹能力有限,其功能主要是推进某些旅游景区的建设。

2. 建构旅游符号

符号的建构在旅游目的地建构中具有十分重要的地位,政府对旅游目的地建构的推动就是从符号建构入手的,而"风景名胜区"的申报正是符号建构的重要途径之一。1993 年初,L 县城建局委托云南省地质环境检测总站对多依河-鲁布革风景区进行野外调查,认真搜集整理了大量资料,撰写和编制了多依河-鲁布革风景区的调查报告和总体规划,并通过了省级专家的评审。同时,L 县还根据申报省级风景名胜区的要求,由县广播电视局摄制了《秀甲迤东》风光录像片,同时组织专业人员拍摄了大量的风光照片。经过一系列精心准备,1993 年 9 月,经专家审定,省人民政府正式批准多依河-鲁布革风景区为第二批省级风景名胜区。从此,L 县拥有了第一个旅游符号,进而在官方的层面打破了"滇东无旅游"的成见,L 县成为一个有旅游景区的地方,旅游也从此走进了 L 县的正史。在 1994 年出版的《L 县年鉴》中,对申报"省级风景名胜区"的过程有一个简单的记录。1993 年,对于 L 县旅游目的地建构而言,是开局之年,也是谨慎探索之年。

三 适度推进

作为政府主导的社会经济文化发展事业,决策层的变动往往影响旅游目的地建构的快慢乃至成败。L 县旅游目的地建构的状态也总是和政府决策层的兴趣息息相关。

　　1994年，L县迎来了新一届党政领导班子，而此次变动也为旅游发展带来了难得的机遇。此次升任县委主要领导的何某曾担任县委副书记，对L县旅游资源情况有着较为全面的了解，且对通过旅游开发实现经济社会文化的全面发展有着比较充足的信心。何某不仅主张将旅游目的地建构纳入县域经济发展的总盘子统筹考虑，还亲自撰文推介L县旅游。其亲自撰写的《L县无处不风景》① 以一名地方官员特有的热情和视角，介绍了多依河、鲁布革三峡、九龙瀑布群、腊山湖、玉带湖、油菜花等自然风光和文化风情，同时勾勒出L县旅游发展的基本轮廓。此后，这篇文章相继在《人民日报》（海外版）、《边疆文学》等报刊发表，并收入《L县年鉴》，在一定程度上扩大了L县旅游影响力。同在1994年，时任L县政府主要领导的殷某发表了《L县旅游开发前景广阔》② 一文。文章介绍了L县旅游资源的基本情况，回顾了L县探索旅游发展的基本进程，分析了L县旅游开发的特点，提出了L县旅游开发建设的指导思想和总体战略思路。第二年，殷某再次撰写了《浅析L县的旅游业》一文，对L县的旅游优势以及全面进行旅游开发的可行性进行了深入分析。

　　如果说《L县无处不风景》一文作为L县旅游大开发的纲领性文章而掀起开发热潮的话，那么《L县旅游开发前景广阔》和《浅析L县的旅游业》两篇文章则是L县旅游开发的具体实施举措。三篇文章前后呼应，珠联璧合，形成了强大的合力，推动了L县旅游开发。事实上，县委、县政府主要领导的文章的意义远不止文章的宣传价值，而在于作者的特殊身份背后透露的政治信息。这些文章的发表，充分说明L县在对

---

① 《L县年鉴（1995）》。
② 《云南年鉴（1995）》。

待旅游开发问题上统一了思想、达成了共识,从而为全面推动旅游发展创造了良好的条件,预示着 L 县旅游大开发的序幕已经开启。L 县决策层为什么有决心将旅游产业作为支柱性产业进行培育呢?笔者在当时的一篇文章中找到了比较准确的答案:"旅游是关联性很强的产业,具有明显的带动功能。旅游业同 100 多个部门有联系,它的发展能够刺激相关行业,特别是第三产业的发展,促进区域经济的全面提高。据实际旅游组织资料统计,旅游每直接增加 1 个就业人员,社会就能增加 5 个就业机会。旅游还是对外开放的先导,完善的旅游设施和有成效的旅游活动,成为地方投资环境的重要因素。"[①] 这段文字说明,当时 L 县决策层对旅游业本身所具有的强大经济拉动力的认识是充分的,一旦证明了具有旅游开发的可能性,政府便会不遗余力地去推动此项产业,并以此作为推动经济社会文化发展的最佳突破口。从此,L 县开启了将旅游业作为区域经济建设的战略性支柱产业进行建设的历程,旅游目的地建构的新时期也随之而来。此后的岁月中,L 县在旅游目的地建构的漫漫长路上,经历了痛楚、收获了辉煌、创造了奇迹,迈上了一条与美和灵感相伴的发展道路。

综合分析 L 县相关文献资料,笔者认为 1994 年和 1995 年是 L 县旅游目的地建构的适度推进期。通过这两年的建设,L 县旅游目的地初具规模,并迈入大众旅游时代。而这一时期,L 县旅游目的地建构的主要路径可做如下总结。

一是建立科学的领导机制。众所周知,旅游业是关涉社会经济文化发展众多环节的产业集合,因此,仅靠旅游局本身的力量是难以真正发挥统筹协调功能的,而随着旅游开发分量的加重,"小马拉大车"的矛盾更是集中显示出力不从心的窘迫。为了破解这种困局,L 县在 1995

---

① 何兴泽:《L 县域经济发展思考》,《创造》1998 年第 2 期。

年成立了由县长任组长、副县长任副组长的旅游开发领导小组。领导小组下设办公室和四个专业工作组,并从各有关部门抽调13人到旅游开发办公室工作,负责联络、协调及各项具体工作的实施。10月,又成立了督办组,由县委副书记任组长,把旅游开发列入考核干部政绩的范畴。① 如此科学的领导班子配置,充分说明了 L 县推进旅游目的地建构的决心和信心,也正是得益于富有权威性的领导机构,L 县旅游目的地建构的各项工作能够从实、从快、从好地落实。此外,领导和管理机构的不断健全和加强,使旅游在 L 县社会经济发展中的地位不断提升,从而有利于形成全县人民搞旅游、从上至下办旅游的氛围,这在很大程度上扫清了来自各方面的障碍,使 L 县旅游一路高歌猛进。

二是树立清晰的发展目标。1995 年底,L 县召开了旅游工作会议,总结经验,查找问题,对下一步旅游开发工作进行了专题研究,并编制完成了《L 县旅游业发展"九五计划"和 2010 年远景目标纲要》,提出了旅游业发展的指导思想、战略目标、开发原则、建设布局、游览组织、宣传促销和政策措施,计划到 2000 年,建成行、住、食、游、购、娱一条龙服务体系,游客量从 1995 年的 12.38 万人次,增加到 20 万人次,旅游综合收入突破亿元大关。发展目标的明确以及美好蓝图凝聚了 L 县人推进旅游目的地建设的共识,明确了旅游在 L 县区域经济发展中的主体地位,从而为旅游业的进一步发展造了势。此后,L 县全方位加大旅游目的地建设的投入力度,并以强劲的动能驱动着旅游产业发展的快车。

三是完善旅游规划。随着旅游开发步伐的加快和旅游产业地位的提升,进行科学合理的旅游规划,按照科学规律推进旅游目的地建设成为 L 县旅游发展提质增效的必然选择。为此,L 县于 1994 年启动了完善旅

---

① 《L 县年鉴(1996)》。

游规划的工作。以建立科学规划为目标，L县重点抓了六方面的工作：①继续探查旅游资源，并在原先勘察的基础上，发现了15个具有旅游开发价值的溶洞，进一步丰富了旅游景观；②制订鲁布革、多依河、大叠水三个景区的近期开发规划；③紧紧围绕国家重点风景名胜区申报的相关工作，邀请省环境监测总站、省旅游局、省建设厅、奥地利和中科院地质专家、云南大学专家等到县内进行考察和调研，请省建设厅主持编制申报国家级风景名胜区的资源调研报告，并通过评审，上报国务院批准；④配合全省旅游发展整体规划，请省旅游开发总公司和云南大学旅游系联合组成的课题组周密考察，撰写《滇东南旅游资源调查评价》，并通过评审，L县与文山丘北、红河建水一起被列为滇东南三个旅游中心之一；⑤委托相关部门推进了一系列旅游规划，设计和生产了具有L县特色的旅游产品，确保旅游品质不断提升；⑥委托相关机构编制了多依河-鲁布革风景区总体规划，并获省人民政府批准，决定由县建设局与省方城规划设计事务所和环境监测总站签订编制《多依河-鲁布革风景名胜区旅游产品规划》的协议，随即开展工作，并完成了规划初稿。①

四是推进景区建设。从旅游经济学和旅游规划学的角度来看，某一旅游目的地须具备交通、饮食、住宿、购物、娱乐、景观六个要素。因此，L县旅游目的地建构的实践也是沿着这六个方面不断推进的：1995年，在县财政比较紧张的情况下，L县挤出100多万元资金投入旅游开发，九龙瀑布群景区新修公路9公里，扩修新发村到民革村非等级公路为三级泥石路5公里，并修多依河、九龙瀑布群步行游路；从1994年开始，县旅游局和各景区接待处共同举办了多期旅游服务人员培训班，请云南大学旅游系老师到L县授课，培训导游、餐饮和客房服务人员

---

① 《L县年鉴（1995）》。

40 余名，参加培训的人员由云南大学旅游系发放结业证书；鲁布革三峡景区又投资 100 多万元造船，兴建餐厅、厕所等配套设施。[①] 此外，L 县委、县政府还多方面筹措资金，筹建了大批宾馆、酒店，并通过提供政策优惠、给予小额信贷等多种途径支持当地人开办农家乐、小旅馆等旅游接待设施，不仅惠及当地人，而且增强了旅游接待能力。

　　五是加大宣传促销力度。旅游目的地的生命在于不断前来的游客，旅游目的地的生命周期就在于游客的凝视周期，而游客凝视除了需要旅游目的地本身不可缺少的吸引要素之外，还需要别出心裁的旅游促销去召唤和激发。因此，旅游宣传促销对旅游目的地建构而言，具有十分重要的意义，特别是在良好口碑形成之前，宣传促销可以说是为旅游目的地注入生命的"王子之吻"。L 县旅游目的地建设实践始终伴随着旅游宣传促销推进，并取得了较好的效果。事实上，L 县旅游原本就滥觞于一系列基于情感抒发的文章：旅游开发渐入正轨之后，相关部门自觉在刊物撰写和发表有关 L 县山水之美的文章，并由此开启了旅游促销之门。此后，县委宣传部、县广播电视台等相继将山水之美、文化之韵、地域之灵作为宣介主题，引来无数游客凝视的目光，塑造着 L 县唯美浪漫的旅游目的地形象。

四　破茧成蝶

　　风生水起的 L 县旅游引起了省委、省政府的关注。政府凝视的意义远远超过游客凝视。也正是这种能量强大的凝视，使 L 县旅游最终破茧成蝶，在经历数年积累的量变之后，实现了质变与升华。1996 年，时任省长视察 L 县，并对 L 县旅游开发给予充分肯定。在以政府为主体的旅游目的地建构格局中，省长的肯定意味着巨额的资金支持和诸多的政

---

① 《L 县年鉴（1996）》。

策便利，而有了这些，L县旅游目的地建构实践，自然如插上双翼一般，突飞猛进。促使L县旅游破茧而出的，除了政府的凝视之外，还有一个千载难逢的机遇——1997年南昆铁路全线贯通。这条在艰险山区修建的钢铁巨龙，从广西北部湾海边向云贵高原爬升，将沿线很多交通闭塞、发展滞后的贫困山区、革命老区和少数民族聚居区连在一起，使富庶的华南沿海与贫弱的西南沿边连通起来，因而被称为"国家最大的扶贫项目"。对于L县旅游而言，这条交通大动脉带来的滚滚客源，让这一旅游目的地充满生机与活力，激励L县人更加自信地投身到旅游目的地建设实践中。幸运的L县紧紧抓住这两个千载难逢的发展机遇，顺势而上、趁势而谋，将旅游目的地建设推向新的高度、新的水平，从而实现了从封闭、落后、清寂的农业县向开放、先进、繁荣的旅游目的地的转变。

L县旅游的"蝶"在哪里？在山水之间，在一个旅游目的地赋予游客的独特旅游体验中。

省长视察后不久，资金就来到L县。1997年，省旅游局为L县安排了500万元资金，专门用于景区建设，同时，县财政筹集配套资金500万元，用以打造旅游景区。但对于一个边远农业县而言，筹集500万元并不是一件小事，为了筹集资金，L县成立了旅游开发总公司，由公司贷款进行旅游开发。

鉴于省旅游局支持资金的使用时限，L县将旅游开发重点暂时转移到群众基础比较好的九龙河，将九龙瀑布群景区建设作为重点。九龙河地区居民比较支持旅游开发，因此景区建设工作非常顺利。九龙瀑布群景区的建设从基础设施完善入手：一是修建了7公里多的柏油路面，将324国道与旅游景点连通起来，解决了从外界进入景区的交通问题；二是在景区内部修建了长2231米、宽2.5米的步行主游路线一条；三是建成宽2.5米、总跨度120米的"荡月桥"，贯通了九龙河两岸旅游路线；四是建造了公共卫生间，平整了停车场；五是移植了 200 多株榕树、木棉树，对景区进行绿化、美化。这些工作结束之后，九龙瀑布群景区基本成形，开始投入运营。但这还只是一个雏形景区，没有管理用房，工作人员借住在当地农民家里，只收取游客 5 元钱的资源维护费。

幸运之光继续照耀 L 县。1998 年，九龙瀑布群景区精品旅游项目规划通过省级评审，L 县再次获得近 2000 万元的专项资金支持，其主要用途包括修建九龙瀑布群景区出入口码头、大门、游路以及购买游船等。这些资金对 L 县旅游目的地建设实践而言是可贵的甘霖，让经过初期建设尚显粗陋的九龙瀑布群景区倏然间充满了活力，实现了飞升。有了这笔资金，L 县以精耕细作的"农业精神"，对九龙瀑布群景区进行精细化提升：针对九龙瀑布群景区绿化较差的问题，征地 500 余亩，投入资金近 600 万元，完成绿化面积 1600 万平方米，种植各种名优树种和竹类植物 70 余万株，以大手笔、大投入建设绿色景区、生态景区、森林景区；进一步加大景区基础设施建设，提升游览安全性、便捷性、舒适性、趣味性；修建部分休息亭、廊、观景点，建设生态停车场、民俗表演场；与云南大陆投资有限公司签订投资协议，引入地面缆车等项目。这些建设项目，使九龙瀑布群景区成为 L 县旅游的一个亮点，它至今仍是游览 L 县的必看景观。

L 县还投入资金对鲁布革三峡景区进行了完善，使景区的通达条件和旅游设施都有了较大改观。同时，L 县对多依河风景区进行了保护性开发，修整了简单的旅游线路，配置了必要的旅游设施，动员当地人开办农家乐、小旅馆，使其具备了基本的旅游接待能力。

在九龙瀑布群景观不断建设的同时，多依河风景区也渐渐形成了气候。于是，L 县基本形成了以鲁布革三峡、九龙瀑布群、多依河为核心的旅游景观群，旅游目的地建设取得了初步的效果。

第四节　打造旅游体系

旅游是一个超级结构，旅游目的地建构并非建设几个旅游景点那么简单。在推进景区景点建设的同时，L 县一直以"大产业、大文化、大服务、大市场、大环境"的理念，全方位推进与旅游业密切相关的交通、通信、电力、城市配套设施、服务接待设施建设，打造完整的旅游服务体系。[①]

一　优化景区配套服务

作为旅游目的地建设的基础条件和核心要件，景区景点建设始终是旅游目的地建设的核心，在景区基础建设基本完成后，L 县将景区建设聚焦在优化配套服务上。在九龙瀑布群景区，L 县又推进了几项重要工程：一是进行了月牙湖拦河蓄水工程，建设调节水库，确保九龙瀑布能够摆脱季节控制，始终保持"中国最美瀑布"的万钧之势与神奇流韵；二是完成了九龙河三段河道竹筏游览码头工程及河中枯水期游人换步台建设，提升了景区游览的趣味性；三是建设完成了九龙山庄，让游客在尽情玩乐之余，能够在景区食宿，让心灵在大自然的清净中得到新的洗礼。在鲁布革三峡景区，具有标志性的景区大门修建完毕，还引进了两艘新游船，让游客能够有更舒适的旅游体验，此外，改造了入口码头，修建了候船亭廊，引资建成度假小屋和风味餐馆，使景区具备了旅游目的地应有的设施设备。在多依河风景区，河流两岸的简易步行游路建设完毕，游客可以安心追逐河流清波、体会山水毓秀和自然清新，简易管

[①] 相关资料参考笔者对 L 县旅游局相关人员的访谈以及《L 县县志》关于旅游的相关记载，访谈时间为 2011 年 1 月 23 日，访谈地点为 L 县城鲁布革大酒店。

理用房也已建成，此外，景区周边的农家乐能够满足游客基本的食宿需求。

二　改善景区通达条件

鲁布革三峡、多依河、九龙河都是深藏于丛山之间的美景，良好的通达条件是赋予这些景点生命力的重要因素，因此，L县一直将改善交通作为旅游目的地建设的重点之一。1998年，L县投入近6000万元，修建了板羊旅游专线公路，与此前建成的新九旅游专线公路，形成了县城—多依河—鲁布革水电站—鲁布革峡谷—九龙瀑布群—县城的旅游环线，把县城与三个景区连在了一起，使游客不走回头路。1999年，L县又投资2178万元，改造板桥至鲁布革三峡27.5公里的板羊公路为油面旅游专用公路，新九公路在已完成7.3公里的基础上，完成延伸段9.2公里的路基工程，初步建成县城—九龙瀑布群—鲁布革三峡—鲁布革水电站—多依河—县城的旅游环线。此外，L县还通过国家、集体、个人投资购置豪华客车35辆、中巴车60辆、出租汽车86辆，方便了游客，改善了县内旅游区通达条件。

三　建立旅游管理机制

良好的旅游管理，是旅游目的地建设的重要内涵，随着旅游业地位持续提升，并成为全县支柱产业之一，L县县委、县政府把提升旅游业管理水平纳入社会治理范畴，并通过一系列切实有效的举措，确保旅游业良好运行：一是将县旅游局从建设局中单列出来，这在很大程度上提升了其权威性，便于对旅游开发事务进行有效的统筹、协调和推进；二是成立了风景区管理局，有利于对已经建成的风景区进行更有效、更科学、更细致的管理；三是成立了旅游开发总公司，有利于通过这一机构广泛向社会融资，以加大旅游投入，促进旅游发展。这些措施为旅游业发展提供了坚实的组织保证，在很大程度上理顺了旅游开发、管理和运行机制，从而有利于促进旅游目的地建构事业的良性发展。在单列旅游局的同时，L县还及时配齐旅游局、风景区管理局领导班子，并分配八名旅游专业的大中专毕业生充实到旅游部门工作，使旅游局一跃成为县政府举足轻重的部门。L县还不断建立和完善与旅游目的地建构有关的政策法规和工作规程，旅游局和风景区管理局分别制定了"管理制度"和"工作目标责任制"，加强自身建设，提高工作效率。同时，L县还加大了对风景区和旅游市场的管理力度：针对景区景点开发初期存在的诸多乱象，成立了多依河风景区管理开发委员会，派出公安和专职人员，对多依河风景区进行了全面整顿，打击违法犯罪行为、查处违纪违章事件，提高当地干部群众的文明意识和旅游意识，着力营造良好的旅游软环境；旅游局和有关职能部门还配合省市检查团和上级对口职能部门，对旅游定点接待单位和旅游车船进行规范化检查，发现问题及时改进，不断提升旅游接待水平；建立旅游投诉机制，并及时有效处理相关案件，营造良好的旅游环境；建立科学合理的旅游接待单位等级评定、价格核定机制，以有效的机制杜绝乱收费、宰客等损害旅游目的地形象的行为，维护游客和经营者的合法权益；颁布了《旅游业资源管理暂行规定》和《L县关于加强风景区管理的通告》，进一步将旅游业管理和开发、风景区环境保护纳入法制化的轨道。一系列科学合理、运行有效、贯彻扎实的旅游目的地建设管理规定，较好地维护了L县作为旅游目的地的形象，为旅游业的健康发展奠定了良好的基础。

四 提升旅游接待能力

旅游接待能力建设是旅游目的地建设的重要内涵之一，没有与旅游开发规模相配套、相适应的旅游接待能力，游客的旅游体验必将受到影响，旅游目的地的形象也必然受到损害。在旅游开发的初始阶段，L县旅游曾经历了旅游接待能力不足的阵痛。根据相关人士介绍，在L县旅游开发初期，景区拥堵、一房难求的情况非常普遍，诸多旅游投诉也由此而来。为了有效化解旅游接待能力不足的问题，L县探索形成了国家、集体、个体齐心协力、优势互补的旅游服务能力建设模式，多方筹集资金3亿多元，新建宾馆饭店30余家，其中包括三星级酒店2家、二星级酒店3家，实现县城接待总床位达12000床的旅游住宿接待能力。住宿接待能力提升的同时，餐饮方面的接待能力也不断得到提升，在20世纪末，L县经工商部门登记注册的餐馆超过500家，伴随着旅游开发进程，全县还兴办了"农家乐"70余户，实现了可基本满足游客需要的目标。为了进一步树立良好的旅游目的地形象，L县还邀请相关机构对全县旅游服务人员进行培训，帮助他们提升自身素质和工作水平。当然，作为旅游目的地建设的重要组成部分，L县的旅游服务能力建设始终伴随着旅游目的地建设实践扎实推进，早在21世纪前几年，便投资数千万元，对县城街道进行改造和绿化、美化，使小城充满了现代气息；通过国家、集体、个人出资的方式，投资上亿元建宾馆饭店，新增中高档床位1217个，满足了不同层次的旅游接待需要。

五　丰富旅游宣传路径

旅游目的地建构的终极目标是吸引游客凝视，因而适当得体的旅游宣传，对旅游目的地建构特别重要。L县一直高度重视旅游宣传，并随着旅游目的地建构实践的推进不断创新和丰富旅游宣介路径。经历了出版风光画册、拍摄风光片、发表风光美文等传统旅游宣传阶段，L县的旅游宣传水平不断提升，并通过实施"走出去"战略，积极前往重要的旅游客源地召开旅游推介会和发布旅游宣传广告；主办摄影比赛、举办摄影展等，直观地展示山水之美，塑造和宣介旅游目的地形象；邀请国内外旅游考察团赴L县考察旅游市场，开发潜在旅游客源地；邀请美国、日本、法国等国家电视台到 L 县拍摄旅游风光片，向全世界广泛推介 L 县旅游。这些宣传方式，极大地促进了 L 县旅游的发展，使其在较短时间内异军突起，成为重要的旅游目的地。根据有关资料，到 1998 年，L 县全年共接待中外游客超过 2 万人次，旅游综合收入高达 1700 万元，在全省亦居于较为靠前的位置。

第五节　小结

　　旅游目的地建构是一项极为复杂的系统工程，其中既包括国土的精细化治理，也涉及社会的文明化提升，而且只有两者的精密耦合，旅游之花才能美丽怡人且长开不谢。毫无疑问，L 县的旅游目的地建构实践是一朵动人的县域经济之花，如果不是汇入旅游发展之江河、受到旅游之水的浸润，"鸡鸣三省"的 L 县难有如今的社会知名度和经济社会文化发展水平。从 1992 年开始，历经七年探索、争议与艰辛，到 1998 年，L 县初步搭建了旅游目的地建设框架。如果将 L 县旅游目的地建设比拟为大型油画创作，那么到 1998 年，这幅巨作的轮廓已基本形成，此后，L 县旅游目的地建设步入精细化建设阶段，L 县旅游也更细腻、更温馨、更迷人并更具吸引力和生命力，而对于这幅巨作的创造者——L 县人民而言，此后的岁月更精彩，也更富有挑战性。

第二章 金色之花：旅游标志物的培育

鲁布革"高峡平湖"的游船、九龙河起伏跌宕的瀑布、多依河秀丽旖旎的风光犹如三根坚实的梁柱，撑起了L县作为云南重要旅游目的地的旗帜。但是，L县旅游目的地建构者们很清楚，论"高峡平湖"游船，有三峡游顶峰傲立；论瀑布，在不远之处就有黄果树瀑布蜚声中外；论风光，多依河之秀美尚未能脱颖而出。总之，如果只打游船、瀑布和风光这三张牌，L县旅游很难在日趋激烈的竞争中勇立潮头，甚至会陷入旅游地生命周期的怪圈，且难以复苏。因此，L县的决策者们在完成旅游目的地建构的基本架构后没有停息，而是匆匆踏上了寻找旅游标志物，进而吸引游客凝视，为旅游景点注入生机的道路。这一次，他们选择了油菜花，并且取得了令人瞩目之成就。"油菜花是L县旅游的灵魂，没有油菜花就不会有L县旅游的辉煌，就不会有L县的名满天下"，在田野调查的过程中，笔者无数次听到类似的话。在互联网上查找"L县旅游"，映入眼帘的必然是漫天金黄；油菜花怒放的季节，必然是L县旅游的黄金季节……所有的一切都说明油菜花已经成为L县最鲜明的旅游标志物。

第一节 L县油菜的前世今生

史料记载，我国是栽培油菜历史最为悠久的国家之一。油菜史称芸

图 2-1　L 县的油菜花

说明：满地金黄的油菜花成为 L 县最受游客青睐的美景，随着油菜种植面积不断扩大，油菜花海作为旅游凝视物的地位不断凸显出来。

薹，在中国文化史上，那金色的十字花总会在眼前若隐若现。宋人韩驹在《顺老寄菜花干》一诗中写道："道人禅余自锄菜，小摘黄花日中晒，峨嵋洒脯久不来，曲掺姜丝典刑在。封题寄我纸作囊，中有巴蜀斋厨香。起炊晓甑八月白，配此春盘一掬黄。"元代诗人吕诚在《谢惠菜》一诗中写道："江乡正月尾，菜苔味胜肉。茎同牛奶腴，叶映翠纹绿。每辱邻家赠，颇慰老夫腹。囊中留百钱，一日买一束。"《清稗类钞》中还记录了一个有趣的故事，"武昌之洪山，产芸薹菜甚佳，李文忠公嗜之，督直时，曾令人取洪山之土，运以至津，种之。盖以易地种植，即失本味，如橘之瑜淮而为枳也"。充满生活情趣的小诗和故事，道出了油菜花在中国文化中的独特存在。此外，在《黄帝内经》《齐民要术》等古代著作中，油菜的影子亦不鲜见，其中对油菜的功用和栽培技术做了比较详细的记载和介绍。

一　跨越百年的种植史

"好个 L 县，有天无日头；要想太阳见，跑到 S 县。腊山戴帽，雨水就到。云跑东，有雨变成风。云跑北，有雨下不得……"① 这一谚语非常生动地描绘了 L 县多雨湿润的天气情况。气象工作人员则从科学的角度对 L 县的天气情况进行了分析：夏季受孟加拉湾暖湿气流影响，多大雨和暴雨；冬季受昆明静止锋控制，常阴雨绵绵，为小春油菜籽的丰产创造了得天独厚的自然条件。关于 L 县天气的特别之处，《徐霞客游记》中也有比较生动而形象的记录，徐霞客就不明白，从初一出来，一路都是晴天，怎么一进 L 县就是雨呢？他请教营兵："从进入 L 县才开始落雨，是否要阴上半月？"营兵说："客官，L 县从月初开始下雨，已经半月没有见过一个晴天了。"徐霞客不信："L 县和 S 县仅隔着一条不算高的山岭，怎会是两块天呢？"营兵说："真是的，当地老百姓有句话：'好个 L 县，有天无日头；要想太阳见，跑到 S 县。'"这种湿润多雨的天气是油菜生长得天独厚的自然条件，L 县也成为云南较早种植油菜的地区之一。据载，民国时期 L 县已开始大面积种植油菜；新中国成立后，经过不断更新品种，采用科学种植技术，产量逐步提高；1980 年后，被列为全国 31 个油菜生产基地县之一，产量约占全省总产量的 1/5。②

那么，L 县究竟从什么时候开始种植油菜的呢？油菜花是否从古至今一直渲染着 L 县春天的大地？L 县决策者为何将油菜花确定为旅游标志物，并将其作为旅游目的地建构的大手笔进行打造？笔者期望能够在相关志书中找到 L 县油菜的前世今生，幸运的是在《L 县县志（民国

---

① 《L 县县志》，第 633 页。
② 《L 县县志》，第 130~131 页。

21年石印本)》中找到了油菜的影子：

> 罗邑荒山赤土、丘陵深壑、刀耕火种、石田脊地触目皆是。虽有河流溪涧，大都奔泻于险岩陡壑之间，欲求灌溉田亩，殊不易易，故幅员面积虽广，然园地多田少，只宜种植荞麦、玉蜀黍。平坦沿河之处，亦种谷类，惟其数量较少，居民食粮大宗以玉蜀黍为主要食品，谷物次之，荞麦杂粮又次之。兹将农务四季操作情状分述之。邑中农事工作，应以秋季九月为起点……本境多旱地，故多种玉蜀黍，於正月间，东南境气候渐热，即可下种，西北境气候稍寒，必在三四月播种。先制肥料，以油枯火土及牛马粪为适宜。

这段记录说明，油菜种植在古代L县农事中处于可以忽略不计的地位，大面积种植的可能性很小。但是，在对玉蜀黍等作物栽培技术介绍的过程中，都提到了以油枯做肥料，这又证明了当时油菜种植数量应该不会太少，不然无法形成以油枯做肥的农业生产文化。因此，笔者认为，新中国成立之前L县就有上万亩油菜种植的记载是可信的，盛开的油菜花也的确为阴雨连绵的L县增添了无限春光，只是当时油菜种植并未连片，且迫于生计，需要种植更能果腹的大麦、豌豆、蚕豆等作物而没能成为关系民生、进入"志书"的重要农产，而且油菜为小春①种植之作物，在农民生计中并未占据太大比重。

有趣的是，当地人对L县油菜种植的历史记忆亦较为淡薄。在离县城不远的法金甸村，年逾八旬且在1962～1983年连续担任生产队长的王大爷讲述了他的油菜种植记忆。②

---

① 云南的农作物生产一般分为大春和小春两茬，小春在秋天播种，大春在秋天收获，大与小的区别主要在于所种植的农作物在生活中所占的分量。
② 笔者2011年5月在L县进行田野调查期间，对油菜种植的历史进行了访谈，相关资料根据录音整理。下同。

新中国成立前，L县县城坝子只是零星地种植一点油菜，是大户人家种了榨油，用来点神灯或供养修行吃素之人的。新中国成立后最初一段时间，虽然有人不断试种油菜，但是由于所种油菜品种不好，所施肥料只以农家肥为主，不能满足油菜种植的需要，因此产量不高，没有形成很大的种植规模，小春种植依然以大麦、小麦、蚕豆、豌豆为主。1962年，我担任生产队长后，就曾种植过油菜，亩产只有十几公斤，而且油菜籽的收购价格很低，划不着种，因此没有继续。后来，随着新品种的不断推广、化肥的使用普及，油菜产量持续提高，油菜种植面积才不断扩大，但是普遍经历了不断探索和积累种植经验的过程。土地下户的那一年，① 我种了4亩地的一块（油菜），当时由于没有经验，收割早了，只收获了一筛子菜籽，而且还是秕的，几乎绝产。随后一年继续种植，同样因为没有经验，收割的时间太晚，油菜籽炸裂了以后掉在地里，收成依旧不高。后来随着种植经验不断丰富，钾肥、硼肥等肥料开始使用，油菜的产量不断增加，于是种植面积不断扩大，到了1987年，整个坝子几乎全都是油菜，没有几家人种麦子等作物了。

油菜种植之所以能够在整个坝子推广，主要是因为油菜的种植比较简单而且收入要高于小麦等作物，因此，农民的积极性比较高。大春收割完毕，进入农历九月，坝子里就开始种油菜。油菜的种植时间可以持续一个月，从进入九月开始到结束，一直都可以，而且种植非常简单，只要将油菜种子用草木灰拌一些硼肥等肥料，把地浅浅地翻起来播种就可以。油菜种植虽然比较简单，但是收割起来就比较麻烦，根据多年种植经验，成熟的油菜一般要在十天内收割完成，否则菜籽苞就会炸裂，菜籽掉在地里。所以，收割菜籽

---

① 根据《L县县志》记载，1983年L县全县实行家庭联产承包责任制。

的季节是农民最辛苦的季节，有时候必须连夜去割菜籽。

这几年菜籽的收成好了，但是也和年成紧密相关，2010年，由于天气干燥，油菜种植的收成就非常小，几乎绝产，我种了3亩油菜，只收了半口袋菜籽，连今年的籽种都没有。今年是油菜较好的一年，3亩地大概收入了300公斤，按照每公斤4.4元的保护价出售，能够收入1300多元，比种植小麦、蚕豆等的收成要高很多。

大概从1987年开始，L县坝子就种满了油菜，几乎没有人种其他作物。但是，开始的时候，每公斤才5角多钱，而且要讲等级，且有人际关系才能卖出去。有的时候，连夜去排队卖菜籽，队伍排得很长，甚至到了阻碍交通的地步。现在的政策很好，只要没有水分就可以卖出去。

回忆起油菜种植的历史，老人有颇多感慨，其中洋溢着对当下农村政策的满意和对政府的感激之情。关于L县油菜种植的历史，同是法金甸村、刚从本村小学退休、对本村历史文化有一定研究的王老师却有着不同的看法。他认为，L县油菜种植至少已有上百年的历史。在他家里，他向笔者讲述了他所理解的L县油菜种植史。

县城坝子早就有油菜种植了，我现在正在写村史，其中有追溯历史的部分，也涉及油菜种植的年代问题，根据调查访问的结果，我们法金甸村应该在上百年前就有油菜种植。我记事以来已经大量种植油菜，当时是生产队种植，我们放学回家以后帮家里干活，就是到油菜地里面去，主要农活就是种菜籽、收菜籽。小春季，村里每年都种植油菜，并不进行轮作，因为油菜很多叶子会落在地里，成为肥料，肥沃土地。在我的记忆中，最初的时候小春季节还会种植一点小麦、大麦，但是最近已经完全不再种植了，原因是种植大麦、小麦的收成没有种油菜高，而且还非常麻烦。

每年进入农历九月，L县坝子就开始种植油菜了，这个过程可以持续大约一个月，九月从月初到月尾都可以种植，我在教师进修学校读书那一年，记得非常清楚，为了抢时间，八月十五的时候就开始种菜籽了。村里人认为不行，但是后来证明油菜的长势还是很好，所以说明八月种菜籽也是可以的。油菜种植很简单，只要把菜籽拌点草木灰、硼肥、钾肥，然后播撒在翻好的地里就可以了，每户人家一天可以种油菜5~6亩。种油菜的地不用翻得很深，翻得太深了反而不行。之前，油菜籽种植不用间苗，但是现在由于担心菜籽不出苗，所以要间苗。底肥之外，种油菜一般只需要追一道肥，每亩用10~15公斤的肥料也就足够了。现在有的农户也开始追两道肥，用的肥料有所增加。由于肥料用得多了，对地有一定的伤害，对于同一块地而言，今年一定要比去年用得多一点才好。现在，玉麦秸秆打碎在地里也能够成为很好的肥料。油菜在春天开花，每到春天，放牧蜜蜂的人就会远道而来，在菜花地里面养蜂，被养蜂人租用土地的农户也能够得到一些收入，但是收入很少，一般不会上千（元）。在旅游发展后，游客进入油菜地拍照要收点钱，装饰牛车、轿子为游客服务等也能赚取一小点收入，但是，法金甸不属于旅游开发的重点地区，所以旅游的收入很少。目前，田间道路已经修通，今后在旅游方面的收入会好一点。菜籽今年的保护价是4.4元一公斤，我们村因为地比较少，最多的人家，菜籽也就是卖一两千元。油菜花旅游节举办之前，整个坝子已经全是油菜花，政府没有强制，因为油菜种植比较方便而且收入比较高，所以都会自发地种植油菜。现在，油菜种植越来越普遍了，以前只有旱地种植，但是现在连水田都种植油菜了。

在紧靠县城的羊者窝村，长期担任村委会主任的李某也讲述了他记忆中的 L 县油菜种植史。同时，他还讲述了油菜种植与油菜花旅游节之间的关系，从一个较为全面的角度展示了油菜花与当地人生产生活的关系。

（20 世纪）50 年代，L 县主要是坝子种植油菜，山区以种麦子、洋芋为主。L 县坝子也不是全种油菜，大概是油菜占 30%，麦子、豌豆等作物占 70%。在 L 县的家庭经济结构中，油菜作为经济作物主要是为了换取现金收入，用来买化肥和补贴家用；麦子作为粮食作物，是人们生活的必需品之一。当时种植的油菜是本地产的老品种，颗粒小、产量低。70 年代以后，引进了现在种植的甘蓝型品种，油菜的产量不断增加，种植的效益日益凸显，因此，种植的面积不断扩大，基本达到了小麦和油菜各占一半的规模。进入 80 年代以后，随着商品经济的发展，油菜籽的市场不断扩大，整个 L 县坝子几乎 70% 的土地种了油菜。90 年代以后，由于油菜价格提升、产量增加，整个 L 县坝子都种植油菜，已经很难见到麦子。1998 年以后，山区开始种植油菜，主要原因是：随着气候逐步变暖，原本不适合种植油菜的山区可以种植油菜；其次是菜籽的收益比小麦等小春作物高得多，农民的种植积极性很高，抱着试一试的态度开始在山地上种植油菜；其三，油菜花旅游节的举办使得油菜花成为重要的旅游凝视物，油菜种植面积多多益善，因此政府倡导并支持油菜种植。

农民种植油菜的积极性不断提高，是因为与麦子相比，油菜种植的优势很多：一是劳力投入少，至少节省一半的劳力；二是经济效益至少比小麦翻一番。一亩油菜从耕种到收割，人工只要 3~4 个工时，如果种植小麦至少要付出双倍的工时。从收成上看，菜籽种植的风险很小，每亩种植只需要花费 100 元左右的成本，但是收入可以达到 900~1000 元/亩，所以成本很低。相比之下，每亩小麦的成本就比较高，而且收益要小得多。因此，油菜种植首先是农民的自愿选择，政府只是从土壤、气候适合的角度进行了倡导，并在品种更新换代等方面给予引导，让农民获得更多的收益。

在举办油菜花旅游节之前，L县的"花海"景观已经形成。举办油菜花旅游节正是对这种景观的恰当利用，并非刻意造就。当然，举办油菜花旅游节之后，政府也是进行了一些投入的，例如，为保证油菜花旅游节主会场周围油菜的长势良好，提供化肥、籽种，补助机耕费（每亩15元）。此外，配合油菜花旅游节的举办，政府也曾经要求公路沿线和L县坝子必须种植油菜花，这种要求是出于万无一失的考虑。

笔者访谈的三个人，一个是长期担任生产队长的耄耋老人，身上积淀着时间的厚度；另一个是正在写村史的乡村知识分子，身上凝聚着知识的力度；再一个是长期担任村委会主任的乡土精英，身上体现着认知的广度。他们对L县油菜种植史的认知虽然稍有分歧，但可以肯定的是，虽然"志书"几乎未提油菜种植"往事"，L县油菜种植跨越百年的历史却不容置疑，也正是其悠久的种植历史和美不胜收的花海景观触动了L县旅游目的地建构决策者的心旌，从而使他们萌生了将其作为旅游标志物塑造的灵感。

二 怒放百年的金色花

油菜花之所以能够成为L县春天最美的风景并最终成为举托整个旅游产业的旅游标志物，根本原因在于其领先于其他作物的经济价值，这一因素，作为一种巨大且重要的内生力量，支撑着农民的种植热情。可以肯定，如果没有领先于其他作物的经济价值，或者有更具经济价值的作物或生产方式出现，那么，无论政府怎样倡导，如何扶持，油菜种植面积都将日渐减小，万亩花海的景观也终将消失。那么，油菜是如何在众多作物中始终居于经济价值的优先地位，并在 L 县的平坝和山地上持续蔓延，怒放成"世界最大的自然天成花园"，载入世界吉尼斯纪录的呢？在田野工作中，笔者通过访谈，找到了 L 县油菜种植收益始终高于其他作物的几大要素。

一是油菜品种的不断更新。在县种子公司，李先生向笔者介绍了 L 县紧跟油菜科研新进展、新步伐，不断试种新型油菜品种，以提升产量、保持农民种植热情的历程。根据李先生介绍，民国时期至 20 世纪 50 年代，L 县油菜有地方品种矮脚红、金菜子和高脚红。这些品种一般种在土地比较肥沃的坝区，亩产只有 20～30 公斤，种植的效益不是很高。此外，在土地比较贫瘠的山区，L 县还种植一种名为兰花子的油菜品种，这种油菜耐寒耐旱，适宜山地气候，但是产量更低。1959 年，L 县引进了省农科所选育的甘蓝型油菜 318、322、325 及白菜型浠水油菜，并种植成功。1960 年，L 县种植甘蓝型油菜 2000 多亩，亩产接近 100 公斤，比本地的矮脚红等品种的产量提高了两倍多。虽然产量有所增加，但是甘蓝型油菜的菜籽出油率不是很高，从而影响了菜籽的价格，于是 L 县又试探性地引进了云油 6 号、云油 7 号，并试种成功。1965 年，L 县坝子大水塘一队种植云油 7 号 50 亩，亩产 75 公斤，产量比本地品种高出一倍多；更令人欣慰的是，机关样板地 7 亩，亩产高达 165 公斤，说明此品种在 L 县尚有较大的产量提升空间。于是，云油 7 号在 L 县全县推广。总之，60 年代后期至 70 年代中期，L 县油菜种植以甘蓝型品种为主。70 年代后，引进云油 11 号、云油 31 号等品种，通过反复试验比较，云油 11 号比较适合 L 县的水土及天气情况，产量较高，开始大面积种植。油菜籽改良的工作还在继续，1982 年，L 县引进并试种云油 13 号，试种当年，平均亩产就接近 80 公斤。云油 13 号不仅亩产较高，而且植株整齐、结籽密、抗倒伏、耐施肥，被认为是比较适合种植的油菜品种，于是在全县推广。据载，1986 年，L 县种植甘蓝型油菜 5.4 万亩，其中云油 11 号 4.15 万亩，占甘蓝型面积的 76.9%；1987~1989 年，大面积种植云油 13 号和 17 号。总之，在传统农业体系中，L 县油菜种植始终瞄准高产的目标进行培育和选种，选择高产量的油菜品种是农民们唯一的选择，也是政府唯一的选择。

二是栽培方式的精细化。在 L 县人心中，油菜是一种易于栽培的农作物，而随着对油菜籽产量的追求不断提高，油菜栽培也逐步从粗放式向精细化方向发展。关于种植的时令，正在田间劳作的当地农民庞先生告诉笔者，在 20 世纪 60 年代以前，一般在寒露至霜降节令期间播种油菜，70 年代后，除了在山区种植的兰花子播种节令有所提前外，普遍认为白露至秋分是油菜的最佳播种时间，农民大都会在这段时间完成播种事宜，以便取得好收成。从种植方式来看，传统上，油菜的播种以拖沟点播和打塘点播为主，少数点毛塘或者撒播，70 年代后开始有人进行育苗移栽，种植标准为行距 30~40 厘米，株距 20~30 厘米，每亩可点 6000~7500 塘。从肥料使用的角度看，传统上以草木灰拌农家肥料做底肥，60 年代以后钙肥、尿素、硫酸钾、硼肥等化肥开始使用到油菜种植上，从而增加了油菜籽的产量。从追肥次数来看，从 20 世纪 80 年代开始，进行中期追肥，以尿素为主。从耕种方式来看，传统上以人力和畜力为主，目前，除了部分山区，农业机械已经广泛使用在油菜种植领域。从田间管理的角度看，80 年代之前，很少进行田间管理，随后开始加入间苗、除草、防虫等，越来越精细化。随着栽培技术愈加精细，L 县油菜产量持续提高。"云南省 L 县农产量状况表"记载，民国 11 年，年产油菜籽万余担，按照每担 50 公斤计算，总产量已经超过 50 万公斤。民国 32 年，L 县播种油菜 1.03 万亩，总产量 30.75 万公斤，亩产在 30 公斤左右。新中国成立后，油菜生产逐步发展，1950 年种植 3.79 万亩，亩产 12.6 公斤，总产量 47.8 万公斤；1955 年种植 19.22 万亩，总产量 468.17 万公斤；1957~1971 年，年种植面积 5 万~10 万亩，总产量 48 万~63 万公斤；1972~1977 年，种植面积稳定在 10 万亩左右，总产量 154.5 万~314.52 万公斤。1978~1980 年，L 县连续三年冬季干旱，油菜种植面积和产量逐年下降。1979 年种植 9.16 万亩，总产量 84.5 万公斤，亩产仅 9.2 公斤，是历史最低点。于是，1980 年，L 县油菜种植面积下降到 6.23 万亩，总产量 79.5 万公斤。1981 年后，实行家庭联产承包责任制，扩大生产经营自主权，油菜生产的积极性普遍提高。同时随着农业科学技术的发展和普及、油菜品种的不断改善、菜籽收购价格的提高，农民从各个方面都得到了实惠，进一步调动了生产积极性。1983 年，L 县油菜种植面积超过 11 万亩，总产量超过 835 万公斤，亩产提高到 75.9 公斤。1989 年，种植 8.42 万亩，亩产达 96 公斤，总产量 808.3 万公斤。进入 20 世纪 90 年代，L 县油菜种植面积不断扩大，油菜产量不断提高，"油菜花海"越来越广阔，为旅游发展创造了较好的条件。

三是油菜籽价值的稳步提升。"谷贱伤农"，油菜产量的提高未必带来收益的增加，而在 L 县，无论收成丰歉，油菜种植的收益总能高于小麦、豌豆、蚕豆等同季种植的作物。特别是进行旅游开发之后，油菜种植既是政府倡导之举，又是获得日常开销的重要来源，广受农民欢迎，因此，油菜与 L 县农民的生产生活之间的联系也就愈加密切。对 L 县多数农民而言，在旅游时代，种植油菜能够获得多方面的收益。

首先，当菜花谢去，繁华散尽，金色的花朵化为饱满的菜籽，成为重要的榨油材料。对于多数农民而言，他们会将多数菜籽出售给榨油企业，获得现金以应对日常需要，并留小部分菜籽，用来榨油作为日常生活所用。关于菜籽买卖，在20世纪90年代之前，主要由国家统一收购，农民把晒干的菜籽交到粮管所即可。后来，随着市场经济不断繁荣，菜籽出售的渠道越来越宽，销售越来越方便，价格也越来越高。随着油菜种植面积的扩大，越来越多的榨油企业在L县投产，已经形成了油菜种植和生产的全产业链。油菜花成为旅游标志物之后，为了更好地调动和维护农民的种植热情和利益，L县政府还对油菜籽设置了保护价，使油菜种植收益有了进一步保障。

其次，作为榨油剩余的副产品，油枯也有一定的经济价值。油枯可以作为肥料使用，也能够作为饲料使用。在L县，油枯的使用比较广泛，几乎家家户户都用它饲养家畜，或用它作为肥料种植玉米、烤烟等作物。此外，油菜种植必然产生大量秸秆。目前，秸秆的处理方式一般是在田里焚烧作为肥料，但会带来污染问题，甚为棘手。不过，可以想象，随着材料技术的突飞猛进，秸秆将在不久的将来成为重要的原材料，服务国家和社会，农民也会因此而获得收益。

最后，春天油菜花怒放的时候，L县成为漫无边际的花海，因此也就成为蜜蜂的牧场，并由此带来收益。每年春天，养蜂人都会追逐花潮而来，他们租用田间地头的空地安营扎寨，放牧蜜蜂，收获甜蜜。于是，蜂业成为L县油菜花种植的重要附属产业。此外，正如古谚所言，"山潮水潮不如人潮"，如潮水般涌入的游客，总是会为当地百姓带来收益。人们通过提供餐饮、住宿、向导、娱乐性交通、摄影等方式，为游客提供服务，积极参与到旅游实践中。

总之，因为有了利益保障，L县油菜种植迅速普及，花海的浪潮不仅席卷了平坝，而且爬满了山坡，春天来临，油菜花怒放，整个L县成为一片花的海洋。而花海带来的强烈的感官体验，又为以花为媒提升旅游目的地的游客凝视准备了十分重要的条件。

第二节　作为旅游标志物的花海

在 L 县 3006 平方公里的土地上，分布着类型众多、景观奇异、特点突出的旅游资源。尤其令人大开眼界、心驰神往的是每年春季几十万亩油菜花海金浪翻滚、蝶舞蜂飞、清香迷人。它与各地油菜花相比，奇就奇在花天相连，一望无际，连片的就有 30 万亩，花海中"浮出"座座绿岛似的青翠峰丛，美不胜收，人称天下之最。L 县旅游目的地建构的决策者对此印象深刻，于是，将万亩花海作为旅游标志物打造的想法首先在他们的潜意识中浮现。但是，如何将传统农作物打造成为旅游标志物，并获得能够支撑 L 县旅游体系的旅游凝视物呢？决策者陷入深深的思考，并在审慎思考的基础上，提出了以举办油菜花旅游节为支点，为漫山遍野的美丽与金黄注入新的内涵，使其成为旅游标志物的设想。[①] 从此，油菜花作为旅游标志物进入旅游体系，L 县旅游开启了以金黄为底色、以繁花做文章的新时代。

一　声势浩大的首届油菜花旅游节

经过多方调研论证，L 县县委、县政府于 1998 年下半年做出了举办集农业观光、自然风景览胜、民族风情展演和商贸洽谈活动于一体的旅游大型节日活动——油菜花旅游节的决定，并报经市人民政府和省旅游局批准。出乎意料的是，这一创意获得了各方面的高度赞赏，且省旅游局和市人民政府都表示愿意作为主办单位牵头举办这一盛会。于是，筹备油菜花旅游节的事宜正式提上日程，并紧锣密鼓地推动起来。为确

[①] 杨黎辉：《菜花飘香话旅游——云南 L 县油菜花旅游节回顾与展望》，《创造》2002 年第 8 期。

保活动成功，成立了由省、市、县有关领导组成的"云南L县油菜花旅游节组委会"，由分管旅游的副省长任主任，市政府和省旅游局主要领导任副主任，下设由县政府分管旅游的副县长及县委办、政府办、文体局、财政局、旅游局负责人组成的常设办公室，办公室下设宣传、文艺演出、现场准备、经贸洽谈、安全保卫、后勤保障、市容市貌和医疗卫生八个职能工作组，制定了详细的工作职责分工，负责抓好筹备和节期的各项具体工作。省、市、县各级领导的高度重视以及高位推动，使筹备工作异常顺利地推进，于1999年2月26日迎来了首届油菜花旅游节。

首届油菜花旅游节以"风景这边独好"为主题，由省旅游局、市政府主办，县政府承办，其开幕式由时任省旅游局副局长、油菜花旅游节组委会副主任主持，时任省长助理宣布油菜花旅游节开幕，油菜花旅游节顾问、时任市委书记致辞，时任旅游业主管副省长、油菜花旅游节总顾问发来贺信，大批省市领导出席，盛况空前，声势浩大。首届油菜花旅游节充分展现人与自然的和谐，挖掘生态旅游的深刻内涵，宣传展示了L县万亩油菜花海奇观及独特迷人的自然风光和民族风情。开幕式上举行了"风景这边独好"大型文艺演出，云南著名青年歌唱演员何纾演唱的歌曲《金花银瀑好地方》在L县广为传唱。

开幕之后，一系列富有新意的文化旅游活动相继推出，并迎来了四方游客。从2月26日开幕到3月8日，油菜花旅游节圆满举办，前来观光的海内外宾客达到11.4万人次，综合经济收入达1900多万元，各类媒体记者百余人，同纷至沓来的观光者一道观赏了油菜花海，游览了九龙瀑布群、鲁布革三峡（水电站）、多依河风景区，观看了富有民族特色的文艺演出，领略了浓郁的布依族风情，播发了一批较有影响的电视节目和文章。首届油菜花旅游节的举办，使L县的知名度不断提高，旅游业取得了长足进步，全年共接待国内外游客36万人次，旅游综合收入达 4528.8 万元，是 1998 年的 3 倍。同时，油菜花旅游节也作为一块闪亮的金字招牌确立起来。此后的岁月，L 县紧盯油菜花旅游节这一品牌做文章，其中有动人的灵感，也有"江郎才尽"的无奈与困惑。

图 2-2　L 县油菜花旅游节开幕式

说明：油菜花国际文化旅游节的举办以及其开幕式上的大型文艺表演，吸引了游客凝视，进一步确立了油菜花作为 L 县旅游标志物的地位。

二　不断擦拭的金字招牌

首届油菜花旅游节的成功以及带来的巨大经济效益增强了 L 县决策层将油菜花旅游节作为重要旅游文化品牌进行打造的信心。于是，一年一度的油菜花旅游节成为 L 县旅游最受瞩目的焦点，围绕油菜花旅游节做好工作亦成为旅游目的地建构的重要抓手。

有了第一届油菜花旅游节的经验，L 县第二届油菜花旅游节办得更加从容，也更具规模。于 2000 年 2 月 20 日开幕，3 月 20 日结束的 L 县第二届油菜花旅游节的开幕式首次通过云南电视台现场直播，时任省旅游局局长主持了开幕式，时任市长、县委书记发表了热情洋溢的讲话。随后举行的大型文艺表演也更具规模，邀请了著名主持人洪军、王娟担任主持，著名歌唱家万山红、李丹阳高歌演唱，数百名中外记者、摄影家和文化名人云集，参加开幕式的游客达 2 万余人。盛大的活动吸引了广泛的游客凝视，2000 年油菜花旅游节期间，L 县共接待游客 33.6 万人次，旅游综合收入达 5638 万元。同时，2000 年全年游客接待量亦飙升到 81.3 万人次，旅游综合收入达 13617 万元，在 1999 年的基础上，又有大幅度增长。

第三届油菜花旅游节于 2001 年 1 月 21 日至 3 月 21 日举行。开幕式由时任省旅游局副局长主持，时任市长、县委书记发表讲话并致欢迎辞。开幕式上，大型文艺表演"新世纪的春天"由众多明星联袂助阵，歌、舞、相声、杂技相映成趣。毛阿敏、解小东、于文华、杨学静等著名歌手的演唱将开幕式推向高潮。油菜花旅游节期间除举行大型文艺表演外，还举办了"福之春"大型明星演唱会、"福杯"摄影大赛。舞龙表演、燃放烟火及各景区民俗表演等活动，也为节日增添了热烈氛围。2001 年接待海内外游客 99.05 万人次，旅游综合收入达 29537.87 万元。与 2000 年相比，2001 年的游客增加数量已经趋缓，但是，旅游收益有了较大提高，L 县旅游已经进入更好的发展状态。此外，从第三届开始，筹办油菜花旅游节的经费实现了先由县财政垫支然后以开幕式及大型演唱会门票收入、主会场广告招租费及赞助费冲抵的模式，基本做到收支平衡。可见，油菜花旅游节已经成为一个广受认可的文化品牌，而且已经产生了品牌效应。此后，油菜花旅游节的商业化成分逐年增加，以节养节，市场化运作日趋完善，在很大程度上减轻了地方财政负担。

第四届油菜花旅游节于 2002 年 2 月 14 日举行了开节仪式。活动突出布依民族特色，营造鲜明的布依民族文化氛围，增强 L 县旅游的感染力，吸引八方游客参与，万民同乐。2月23日举办"布依之春"大型文艺演出，由时任副市长主持，主管旅游的副省长敲响昭示吉祥的布依春鼓并宣布云南2002年L县油菜花旅游节大型文艺演出开始。时任市长向到现场观看文艺演出的2万余名观众和中央电视台、日本NHK电视台、云南电视台及省、市新闻界的朋友们发表了热情洋溢的讲话。来自台湾的歌手北原山猫组合及大陆著名歌手孙悦、宗庸卓玛、韩磊、汤灿应邀来到演唱会现场做了精彩的表演。2002年，L县全年接待游客110.07万人次，旅游综合收入达34052.88万元，游客数量和旅游收益再上新台阶。连续四届油菜花旅游节的成功举办，使L县油菜花海景观名声大振，经上海大世界基尼斯总部审定，L县创下了一项新的基尼斯纪录——世界最大的自然天成花园。

第五届云南L县油菜花旅游节暨滇东南喀斯特精品之旅于2003年2月3日举行开节仪式。2月20日，举办"美丽属于世界"大型文艺演出，在30万亩花海中，著名歌唱家彭丽媛、歌手林依轮、相声演员笑林和李国盛、山鹰组合等众多明星助阵献艺。参加旅游节的游人充分感受到了L县的风光风情。2003年，L县全年接待游客98.35万人次，旅游综合收入达35370.5万元，游客人数较上年少许减少，旅游收入却略有上升。旅游节的举办给群众带来了实惠，大量游客涌入，为当地商家、农户带来了商机。当地土特产品在菜花节里成为抢手货，蜂蜜、香油、布依酸菜、老厂酒、姜加工成品等的销售额成倍增长，老百姓真真切切感受到发展旅游业带来的实惠。

第六届云南L县油菜花旅游节于2004年1月11日举行开节仪式。2月22日举办了"相约L县"大型文艺演出，中央电视台节目主持人张政、张齐应邀主持，文艺演出分为金猴闹春、花海放歌和布依神韵三个篇章，歌手文欣、雷佳、屠洪刚等参加了演出，著名歌唱家宋祖英将演出推向了高潮。2004年L县以旅游为龙头的第三产业迅速发展，实现产值 12.67 亿元，其中旅游综合收入 3.96 亿元，共接待游客 104.5 万人次。

第七届云南 L 县油菜花旅游节于 2005 年 1 月 29 日举行开节仪式。2 月 26 日举办了"金色家园"大型文艺演出。演出由陈英华、李朝珍、杨青主持，整台演出分为花海人间、七彩 L 县两个篇章，观众喜爱的著名歌星张明敏、王欢、祖海亲临现场，引吭高歌，L 县的本土节目《花海欢歌》《花满人间》《布依风情音话》《好地方》等也深受观众喜爱。全年接待游客 93.08 万人次，旅游综合收入达 52012.33 万元。

第八届云南 L 县油菜花文化旅游节于 2006 年 1 月 19 日至 4 月 2 日举行。活动内容有：餐饮服务技能大赛、兰花展、名特优产品展、书法展、美术展、摄影展、根艺奇石展、招商项目洽谈、大型文艺演出"享受自然·走进 L 县"、山歌赛、百名导游赞 L 县大赛、山地自行车赛、百名歌手唱 L 县大赛、泼水狂欢、大型舞剧"太阳三姑娘"、大型焰火燃放、百部广场电影展映、L 县歌曲展播。全年接待游客 118.33 万人次，旅游综合收入达 59523.05 万元。

第九届云南 L 县油菜花文化旅游节于 2007 年 2 月 7 日至 4 月 21 日举行，历时两个半月，活动内容丰富、形式多样。节庆定位为集农业生态旅游观光、喀斯特地貌欣赏、景区景点推介、布依风情展示、招商引资洽谈于一体的大型山水田园休闲旅游特色综合活动。本届菜花节以"金花银瀑、美丽 L 县"为主题，亮点多、内容新、档次高，主打"国际牌"，节庆期间推出了商贸洽谈、项目推介、"十百千万"工程、菜花节十年演出大回放、十家知名旅行社"踏 L 县"、美食厨艺大赛、百部影片"映 L 县"暨"激情周末"广场电影、百个商家名特优产品"展 L 县"、L 县烧烤美食一条街、百名导游"赞 L 县"、布依族服饰展、千对情侣游花海、万个家庭"游 L 县"、招商引资"推 L 县"、农历"二月二"布依歌会暨酒歌演唱会、农历"三月三"布依泼水节等一系列精彩纷呈的活动。全年接待游客 129.53 万人次，旅游综合收入达 66947.65 万元。

第十届云南 L 县油菜花文化旅游节于 2008 年 1 月 27 日至 4 月 11 日举行，并更名为"中国·云南·L 县国际油菜花文化旅游节"，主题延续"金花银瀑，美丽 L 县"，节庆定位为集农业生态旅游观光、喀斯特地貌欣赏、景区景点推介、布依风情展示、招商引资洽谈为一体的大型山水田园休闲旅游特色综合节庆活动。主要活动包括开节活动、商贸洽谈、项目推介、"十百千万"工程、菜花节十年演出大回放、十家知名旅行社"踏 L 县"、美食厨艺大赛、百部影片"映 L 县"暨"激情周末"广场电影、百个商家名特优产品"展 L 县"、L 县烧烤美食一条街、百名导游"赞 L 县"、布依族服饰展、千名摄影家"摄 L 县"暨"金菜花杯"国际摄影大赛、千对情侣游花海、万个家庭"游 L 县"、招商引资"推 L 县"、农历"二月二"布依歌会暨酒歌演唱会、农历"三月三"布依泼水节、中国功夫与泰拳对抗赛等。第十届的"亮点"是内容新、档次高、打"国际牌"，除了让游客共享 L 县文化建设成果外，还举行了中国功夫与泰拳对抗赛、"金菜花怀"国际摄影大赛等一系列有创新、影响大的国际交流活动，国内外嘉宾在金花银瀑的 L 县共享了这次文化盛宴。全年接待游客 83.5 万人次，旅游综合收入达 60057.7 万元。

第十一届中国·云南·L 县国际油菜花文化旅游节于 2009 年 1 月 15 日至 4 月 1 日举行，历时两个半月，主要有十佳知名旅行社"踏 L 县"、百个名特优产品"展 L 县"、百篇优秀征文"赞 L 县"、千对情侣"畅游大花海、留影情人瀑"、千辆自驾车"赴 L 县"、万个家庭"游 L 县"等活动。本届旅游节活动主题为"金色花海、魅力 L 县"。开节仪式上，滇黔五州市领导共同为"滇黔五州市无障碍自驾车旅游"揭牌。时任县委副书记、县长主持开节仪式，县委书记致欢迎辞，云南省旅游协会常务副会长宣布开节。副市长在开节仪式上介绍了成功举办了十届的中国·云南·L县国际油菜花文化旅游节的情况，推介了L县旅游业。他说，L县是一方神奇、美丽、充满生机与活力的热土，拥有优美的自然风光、浓厚的历史文化积淀和独特的民族风情，发展旅游业条件得天独厚。L县精心打造旅游精品景区景点，因举办油菜花旅游节而声名远播，提高了知名度，形成了独具L县特色的节会旅游产品。在旅游业的带动下，商贸、交通运输、通信、餐饮等服务业全面持续发展。开节仪式上还举行了精彩的文艺演出，著名男高音歌唱家佟铁鑫等献唱，布依族舞蹈《金花银瀑好地方》、歌曲《菜花金灿灿》等精彩的节目将L县渲染成欢腾的世界。全年接待游客107.85万人次，旅游综合收入达72989.07万元。

第十二届中国·云南·L县国际油菜花文化旅游节于2010年2月3日至4月19日举办，历时两个半月。本届主题为"爱之圣地·金色L县"，以花为媒，向海内外的游客发出春天的邀请。L县借助80万亩油菜花海及县境内独特的生态农业、迷人的自然景观，坚持以"节会促发展"为核心，以"政府主导、企业参与、市场化运作"为指针，以"立足省内、面向全国、走向世界"为方向，以"办出特色、办出水平、办出效益"为目的，按照"高标准、高质量、高水平"的要求，以"爱之圣地·金色L县"为主题，展示L县的油菜花海、山水风情、县域文化和民风民俗，开展了"锣鼓喧天赶花来"大型开节民俗活动、商贸一条街"展L县"、美食文化周、千对情侣"游花海"、招商引资"推L县"、"爱之圣地·金色L县"大型文艺演出、"行走L县发现新视界"暨"魅力L县"旅游论坛、"二月二"布依赛歌会、农历"三月三"布依泼水节、大型焰火晚会等一系列活动。2010年是L县旅游业遭遇寒冰的一年。这一年，L县和云南的其他省份一样经历了百年大旱，油菜花迅速凋零，油菜籽也减产超过一半。虽然油菜花旅游节照常举行，但低调了很多。

与上一届旅游节的低调不同，2011年举行的第十三届国际油菜花文化旅游节又以一种异常高调的形态出现。开节之前，L县曾在北京人民大会堂召开新闻发布会，推介油菜花旅游。旅游节活动由中央电视台军事频道"红星艺苑"栏目组组织，诸多明星联袂演出，央视"红星艺苑"名嘴苗博和"欢乐中国行"名嘴张蕾主持，场景设计比历届旅游节开节活动更宏大，让观众相约L县花海。节目表现内容与L县自然天成的山水景观、浓郁迷人的民族风情、丰富厚重的历史文化、雄奇壮丽的九龙瀑布、幽深俊秀的鲁布革峡谷、秀美清灵的多依河、金色油菜花海等旅游资源以及布依族风情结合，将美丽的L县以轻松、欢乐、祥和的形式通过中央电视台展现给了关注L县的观众。

与2011年的盛大状况相比，2012年举办的第十四届国际油菜花文化旅游节显得非常"寒酸"，这主要体现在取消了一年一度的大型文艺演出上，对已经持续14年的L县油菜花旅游节而言，不能不说是一个"新闻"。第十四届油菜花旅游节于1月13日至3月30日举办，历时两个半月，主要内容有L县风光国际摄影展、商贸一条街"展L县"、电影《布依姑娘》开机仪式、L县古生物群挂牌仪式、"二月二"布依对歌会、"三月三"布依泼水狂欢活动等。以"东方花园·魅力L县"为主题的国际摄影展成为本届油菜花旅游节的亮点，有媒体评论此次影展"以全新的理念，涵盖所有艺术门类，放眼新起点、新追求，以全新的视角开启国际摄影新航程"。

2013年举行的第十五届国际油菜花文化旅游节同样没有举行盛大的文艺演出，而是坚持集农业生态旅游观光、喀斯特地貌观赏、景区景点推介、布依风情展示、招商引资洽谈于一体的山水田园休闲旅游思路。此次油菜花旅游节同样将摄影项目作为重点打造，不同的是，把摄影展扩大为摄影节，以摄影名人效应全面带动全球摄影界人士的关注与创作热情，促进旅游开发，打造自然人文摄影文化品牌。此外，花海自行车比赛亦是创新项目，吸引了很多骑行爱好者的参与，成为广受欢迎的旅游文化项目。

除了"二月二"对歌节、"三月三"泼水节等系列民族文化活动和国际摄影节、花海自行车赛等活动，2014年举办的第十六届国际油菜花文化旅游节增加了马拉松赛和空中观花海项目。所谓"空中观花海"就是游客乘坐直升机在L县80多万亩的花海上空飞行，将花海景观尽收眼底。这一旅游形式的出现，标志着L县开始探索培育高端旅游市场。这一旅游项目别有韵味，获得了广泛的游客凝视。通过这一项目，原先只能管窥一斑的"东方花园"可以识得全貌，原先需要仰视的金鸡峰丛，变成了花潮中的精致岛屿。此外，从空中俯瞰漫无边际的花田，油菜花更显得争奇斗艳、妩媚壮美，别具一番风味。

2015年举办的第十七届国际油菜花文化旅游节显得特别饱满，除了常规动作开幕式之外，还举行了摄影作品精品展览、著名摄影家采风、民族民间歌舞乐展演暨L县首届农村文化户调演、图书《新风景摄影从L县开始》首发仪式、国际摄影节、花海自行车赛、招商引资项目推介及签约活动、旅游文化主题论文征稿、"三叠纪地层古生物研究研讨会暨化石保护和产地管理论坛"、空中热气球观花海、瀑布狂欢节、布依淑娅节、红高粱文化节等活动。可见，此次油菜花旅游文化节更鲜明地体现了"文化与旅游融合发展"之特征，但是游客的参与度有所下降。此外，刚刚开始探索的高端旅游项目——直升机空中观花没有出现，取而代之的是热气球空中观花，可见，项目虽好，但是动辄成百上千元的体验成本，还是令游客望而却步。

2016年举行的油菜花旅游文化节又出现了重大变化，这种变化首先体现在节庆时间上。在此之前，L县油菜花旅游节举办时间一般是油菜花盛开的2~3月，节会时间一般不超过3个月，但本届旅游节从1月开始，一直持续到10月，可以说一年时间都是旅游节。在延续第十七届旅游节品牌魅力的基础上，本届旅游节推出了皇家国家马戏、世界旅游小姐大赛、东南亚狂欢美食节等与国际接轨的活动，并成为新亮点。

同第十八届相比，L县第十九届国际油菜花文化旅游节已经没有了时间限制，全年皆是旅游节。第十九届油菜花旅游节期间，设置了十几个大型精彩活动，其中包括油菜产业高峰论坛、国际蜜蜂文化暨蜂产业发展论坛、"故乡的原风景"国际摄影大赛、中国文联文艺志愿服务团慰问演出、花海马拉松赛、国际花海自行车赛、花海驿灯展及国际狂欢音乐节、云南电视台国际频道系列旅游文化活动（为爱走进L县——世界最大的油菜花爱情迷宫游行、99对新人油菜花海集体婚礼、国际职业搏击拳王争霸赛、商品博览会）、招商引资项目推介及签约活动、民族民俗文化活动等，助推全域旅游建设。

图2-3 L县油菜花旅游节上的文艺演出
说明：大型文艺会演是每年油菜花旅游节期间的重头戏，但是，这台盛会的维持对L县人来说并不轻松。

从 1999 年到 2017 年，L 县油菜花旅游节已连续举办 19 届，这是创建和守护品牌的过程，其中有激情四射、灵感飞扬的创业之美，也有热情消减、灵感渐逝的守业之痛，个中艰辛只有投身于其间的创业者们能够体会。但是，无论如何，通过油菜花旅游节这一平台培育旅游标志物和推介旅游产品的做法的确不失为明智之举。正是依托这一平台，L 县旅游的知名度越来越高，油菜花日益成为 L 县的旅游标志物，基本上说到油菜花海人们就会想起 L 县。当然，要确保一个节庆活动永葆活力是十分困难的，L 县的实践证明，节庆活动犹如花朵，经历繁盛与绚丽之后，必将不可避免地迎来凋谢，而当 L 县油菜花旅游节的节庆时间由春花浪漫的温暖春季渐渐扩展到几乎涵盖全年之后，其意义和价值已经自动消解，从这个角度看，L 县油菜花旅游节已经走向终点。

三　旅游体系中的油菜培植

在漫山遍野的油菜花以动人心弦的美触动 L 县旅游目的地建构决策者的心旌之前，油菜种植是当地居民基于经济效益的自主选择，当地政府虽然从服务的角度，在优良品种选育、菜籽销路、油菜产业链打造等方面给予支持，但是否选择种植油菜完全出于农民的自由意志。当油菜花作为旅游标志物培育之后，其已从传统农作物转化为旅游凝视物，推动这一转换的内在动力是什么？这种动力是否具有可持续性？

油菜花从传统农作物向旅游凝视物转变，首先得益于政府的强力推动。为打造"国际油菜花文化旅游节"这一品牌，L 县成立了由县政府主要领导牵头、各有关部门广泛参与的工作小组并下设办公室负责日常事务。打造油菜花旅游节品牌，首先需要确保油菜的广泛种植，虽说 L 县油菜种植是对特殊生态环境的自然适应，但是如果将其作为支撑"国际油菜花文化旅游节"的重要载体，那就不能"留有余地"，必须确保每年春天都有盛开的花海。于是，当决策层确定了举办"国际油菜花文化旅游节"之后,油菜种植就从农民意志转化成为政府意志,不过这其中未发生较强烈的冲突。根据当地人介绍,当举办"国际油菜花文化旅游节"成为高层决策并上升为旅游目的地建设的重要举措之后,L 县政府还是出台了县城周边坝子以及旅游线路沿线的山地小春必须种植油菜的规定,并且在油菜籽、肥料等方面给予一定补助,对不按照规定连片种植油菜的农户,也曾采取过强制性的措施,出现过拔除青苗重新种上油菜的情况。当然,根据县旅游局相关人士介绍,要求连片种植油菜并没有太大的困难,经过几年规劝和适当的补助措施,农户完全能够自觉选择种植油菜,已经多年没有出现过不种油菜的情况。正是得益于政府的倡导、扶植以及要求,L 县的油菜花海不断扩大,逐步形成了近百万亩的规模,成为"世界最大的自然天成花园",① 以动人心弦的美,俘虏了越来越多游客的心。事实上,花海奇观的形成和维护并非轻而易举,而是凝聚了很多人的心血和智慧的系统工程。田野调查资料显示,自 1999 年开始,L 县领导及技术干部层层签订责任书,各乡镇将生产指标层层分解落实,实施责任捆绑制和干部包村负责制,做到责任到人、服务到地,举办技术培训,办好示范样板,做到品种、节令、规格、防虫治病"四个统一",极大地推动了油菜产业的发展。在政府的倡导、扶植和要求之下,L 县油菜种植品种不断更新,种植管理技术不断改进:在播种方式上,实现了从撒播到点播再到分墒塘播的发展;在耕作方式上,实现了从人力畜力并用到机械化耕作的发展;在施肥方式上,实现了从单纯使用农家肥到运用科技配方施肥的发展;在田间管理上,实现了从粗放式管理向精细化管理的发展。

不断提升的经济收益,是推动油菜花从传统农作物向旅游凝视物转

---

① 2002 年,云南省曲靖市 L 县被上海大世界基尼斯总部命名为"世界最大的自然天成花园"(L 县油菜种植园)。

变的重要动力之一。为确保油菜花能够在春天盛开成"海",L县政府可谓下足了功夫。鼓励民众加大油菜种植,首先要解决销路问题,为此,L县在油菜籽的供销途径和供销手段上做了大量的改进,而这种改进获得了农户的极大认同。对于L县农民而言,菜籽销售曾是一段不堪回首的艰难记忆,年届90岁的王大爷对此记忆犹新。在老人的记忆中,当年卖油菜籽的艰难和国库收购人员的百般刁难以及菜籽收购过程中存在的招人厌恶的人情世故,足以让人产生放弃下一年种植的想法,而且确有一些农民因为菜籽难卖而放弃种植。在田野工作中笔者了解到,在L县县城,40岁以上的人都对从粮管所门口开始,然后逶迤而去,有时甚至阻断交通的卖菜籽队伍留有深刻印象。或者正是因为这种记忆,L县旅游目的地建构决策者能够准确地把握民众之痛,并将菜籽供销体系改革作为激发油菜种植热情的重要内容来抓。可喜的是,L县的决策者并不简单地"头疼医头",而是通过打造全产业链的方式,一方面拓展油菜籽销售渠道,另一方面增加农民收益。作为重要的油菜生产地,L县的榨油产业并不发达,炼油企业主要以作坊式生产为主,产量不大、效益不高,大量油菜籽需要输出到外地加工,因此,菜籽价格一直难以提高。针对这一状况,配合举办"国际油菜花文化旅游节"鼓励民众大量种植油菜的政策,L县县委、县政府通过引进龙头企业,发展油菜加工产业,延伸油菜产业链,推进油菜规模化生产,实现油菜自产自销,以及政府财税收入和农民种植收入"双提高"。例如,L县从外地引进瑞丰粮油产业有限公司,生产经营"金菜花"牌系列食用植物油,提高了油菜籽的附加值。目前,瑞丰粮油产业有限公司已经达到年产20余万吨的压榨量(15万吨精炼油),产品不仅销往全国各地,而且出口东南亚。引入龙头企业进行油菜深加工,不仅可以保障油菜籽的销路,而且能为当地人来带福祉。如果菜籽被运离了L县,那么加工后的附属产品——油枯就不能回到L县的田野。目前,在产、供、销一体的生产体系下，L县油菜籽产出的600多万吨油枯就能留在L县。油枯作为经济作物的优质高效肥料以及畜、禽、鱼饲料的原料，具有不可小觑的经济价值。在田野调查中，笔者了解到，自从大型炼油厂落户L县之后，农户们可以低廉的价格获得油枯，这在一定程度上解决了肥料问题，并促进了养殖业的发展。此外，随着"国际油菜花旅游文化节"品牌的愈加响亮，来自金色花海的蜂蜜自然地成为L县的旅游产品。五湖四海汇集而来的游客除了徜徉花海感受大自然的壮美之外，还会带走具有旅游地特色的旅游商品，而来自金色大地、作为油菜花精华的蜂蜜自然是不二之选，而游客的这一选择，自然也就成为农民的收入之源。如今，L县每年加工销售油菜花蜜1000多吨，蜂花粉、蜂胶50余吨，注册有罗悦、罗康、云岭、甜言蜜语等品牌，蜂产品开发潜力巨大。除了蜂蜜之外，生长于L县大地的很多富有地方和民族特色的土特产也在成体系的旅游文化产品开发中凸显出来，成为广受游客欢迎的旅游产品，而这些产品所携带的民族文化符号，又随着回归的游客向着五湖四海传播。旅游产品的开发，最大限度惠及当地农民，不少人通过生产和经营旅游产品实现了致富。在田野工作中，笔者采访了一些通过经营旅游产品致富的典型代表，从而更直观地感受了旅游目的地建构带给L县民众的深刻影响。

个案一：1998年，得知L县将通过举办"国际油菜花文化旅游节"打造油菜花旅游品牌后，孙某敏锐地捕捉到其中蕴含的商机，于是他筹集近20万元资金购买设备，并利用自家宽敞的房屋做厂房，高薪聘请专家做技术指导，招收工人进行培训，开发蜂蜜产品。以旅游产品开发为目标，孙某走"人无我有，人有我优，人优我特"的经营思路，瞄准"特"字做文章，认真经营以"恒康"为品牌的蜂蜜产品并取得意想不到的成功。由于技术到位，"恒康"牌系列产品菜花蜜、蜂王浆、蜂胶经卫生部门检测合格，达到国家质量标准要求，并经工商部门登记，在1999年首届"国际油菜花文化旅游节"举办期间正式投放市场。品质优秀、价格合理、来自广阔山川的蜂蜜产品受到消费者的青睐，并走出L县，成为第七届北京国际食品博览会推荐产品。市场效果良好和影响力不断扩大的"国际油菜花文化旅游节"使孙某对未来的市场充满信心，随后他紧紧围绕"管理第一，质量第一，品牌第一，直销网络第一"的目标，发挥品牌效应，开拓市场，获得了更大的成功。到2017年，孙某固定资产从创业初期的近20万元增加到如今的近1000万元，年销售额从创业初期的60万元增加到500余万元。

如潮水一般涌来的游客使更多的当地人看到了商机，他们将传统饮食文化进行创新，把油菜进行包装，并将其作为旅游产品推向市场。除了蜂蜜产品之外，更多的L县特产一跃成为旅游文化产品，并惠及乡里。

个案二：2003年3月，鲁布革乡八大河村委会的农民陈某抓住"国际油菜花文化旅游节"带来的机遇，筹集资金138万元建起了多依河民族绿色食品厂，加工五彩花饭、干酸菜，并注册"千峰湖"商标，年加工食品花米饭100多吨、干酸菜70000多包，实现销售收入140多万元，上缴税金10多万元，带动当地农户每年增收600余元。"千峰湖"牌系列产品作为旅游产品不仅在L县销售，而且远销全国各地。

随着游客的不断到来，开办"农家乐"成为当地农民增加收入的又一重要渠道。"农家乐"一方面提升了L县的旅游接待能力，另一方面弘扬了饮食文化，丰富了"国际油菜花文化旅游节"的内涵。

个案三：随着旅游目的地建构的不断推进，越来越多的游客慕名而来，他们的身影触动了景区沿线居民的经济神经。鲁布革三峡景区附近村落的居民首先带头办起了农家乐。他们发掘布依族风味美食和布依族文化，为游客们提供独特的旅游体验，深受游客喜爱。每年春节期间，这些农家乐生意火爆，接待大量来自全国各地的游客，增加了农民收入。随后，与民族文化深度结合的农家乐在 L 县蓬勃发展，成为旅游目的地建构惠及当地人的重要形式。

总之，在现代旅游体系中，L 县油菜从耕作方式到开发利用方面都有了很大变化。油菜花给农户带来的实惠越来越多，这在很大程度上保持了农民的种植热情，从而保证了油菜花能在每年春天如约而至，并使油菜花旅游节成为可持续的品牌。相关资料显示，1999 年以来，L 县油菜种植不断从坝区向山区辐射，面积从 11.4 万亩发展到如今的 80 多万亩，平均亩产从 1999 年的 120.2 公斤增加到如今的 185 公斤。随着油菜种植面积的扩展，春天的花潮不断蔓延，从而形成了更加壮阔的油菜花景观，而随着花海向山地蔓延，诸如螺丝田之类的花海景观涌现出来，增加了花海的魅力，L 县作为旅游目的地的吸引力持续提升。

第三节　油菜转变之路

如果将传统农业体系中的油菜花喻为身在山闺的农家女，那么在现代旅游体系中，油菜花则成了引人注目的摩登女郎，广受凝视和追捧。据《L 县年鉴》记载，2000 年"国际油菜花文化旅游节"期间，前往 L 县旅游的人数达 33.6 万人次，而该县全年接待游客 81.3 万人次；2001 年油菜花旅游节期间，L 县接待游客 37.11 万人次，全年接待游客 99.05 万人次；2002 年油菜花旅游节期间，L 县接待游客 46.92 万人次，全年接待游客 110.07 万人次；2003 年油菜花旅游节期间，L 县接待游客 55.89 万人次，而全年接待 98.35 万人次。这些数据表明，到 L 县旅游的游客中，近一半集中在不超过两个月的油菜花花期之内，而这又说明油菜花已经成为 L 县最引人注目的景观及旅游标志物。这一点，在田野工作中也得到了充分的印证，笔者在 L 县的多个宾馆以及风景区进行了较大范围的访谈，超过 95% 的受访者认为，吸引他们到来的就是漫无边际的油菜花，而徜徉花海的惬意与遐想也正是他们最为渴望的旅游体验。问题在于，L 县油菜种植历史久远，油菜花年年开放且花色不变，而到了 20 世纪最后一年，油菜花才以旅游凝视物的形象展示出来，为什么普普通通的油菜花能够成为旅游标志物，支撑起 L 县旅游的一片天空？对这一问题，南京大学教授周宪在《现代性与视觉文化中的旅游凝视》一文中说："随着中国现代化的进程，随着闲暇时间增多，随着人们物质生活水平的不断提升，旅游作为一种日益普及的文化实践活动出现了。无疑，旅游是一种包含复杂的社会文化意义的活动。它是一种经济活动，已经形成了一个巨大的产业；它是一种消费活动，旅游者在旅游中消费相应的项目；它是一种交往活动，通过团队或个人游历交友，了解一地文化风俗；它是一种体验活动，旅游说到底是视觉愉悦及其体验。"[①] 周宪教授的论述是宏观的，也道出了 L 县油菜花实现从传统农作物到旅游凝视物变迁并发展为旅游标志物的社会背景及其后蕴含的文化意义。

一　旅游时代的金色际遇

作为中国旅游重镇之一，云南不少县区都将旅游作为重点产业打造，L 县赶上了云南旅游产业发展的大好时机，并通过旅游开发推动了

[①] 周宪：《现代性与视觉文化中的旅游凝视》，《天津社会科学》2008 年第 1 期。

县域经济发展。旅游基础设施建设基本完成之后，L县旅游需要点睛之笔，需要有足以吸引游客凝视的旅游标志物，当地政府明智地选择了油菜花，并举全县之力培育。这是旅游时代的金色际遇，抓住了这个机会，小小的油菜花盘活了L县经济一盘棋。

2011年5月底，笔者再次来到L县。那个时节，L县大地繁华过尽，追逐花潮而来的放蜂人已随花而去，天空中充满了秸秆燃烧的味道，刚刚播种完的田野显得有些荒凉，而这样的时节正是思考佳期。在相关部门办公室，在寄宿的宾馆，在田间地头，笔者听取了不同立场的人对油菜花颇具差异的认知。综合访谈所获信息，笔者认为，油菜花旅游对L县经济的带动作用可归结为以下三点。

一是提高了旅游知名度。"国际油菜花文化旅游节"举办之前，L县旅游只在云南省内具有一定的知名度，游客多来自昆明、曲靖等周边地区，鲜有省外、国外游客，由于经济效益有限，旅游业长期处于无序、凌乱、自发的状态，尚未真正与旅游大市场接轨，也未真正融入云南旅游、中国旅游体系之中。旅游项目单一、旅游文化匮乏、旅游市场弱小、旅游商品缺乏、旅游交通混乱、旅游中介乏力、旅游服务粗糙、游客抱怨连连是L县旅游发展面临的状况。近20年时光流逝，近20届"国际油菜花文化旅游节"举办，L县旅游目的地建构实践已经从初创期的混乱无序发展到成熟期的井然有序。这一过程是在媒体的强力推介、旅游基础设施的不断完善中推进的，而"国际油菜花文化旅游节"这一节庆活动无疑发挥了平台和纽带的作用。"国际油菜花文化旅游节"的举办为春天的L县披上了节日盛装，营造了浓厚的节日氛围，增加了旅游吸引力，而节庆期间到来的大量游客，在畅游花海的同时，也会选择进入L县的旅游风景区，借油菜花旅游节之东风，鲁布革三峡、九龙瀑布群、多依河、长源温泉等旅游景点亦充满了活力，从而进入良性发展状态。事实上，油菜花旅游节和景区景点之间形成了一种休戚与共的关系：首先，"国际油菜花文化旅游节"的举办扩大了 L 县旅游的知名度，吸引了大量游客，但是油菜花观光本身除了在拉动本地旅游服务收入方面具有作用之外，并不产生直接的旅游收入，因此，油菜花旅游本身需要其他景区景点的支撑；其次，多数游客到 L 县并不是只看油菜花，他们还会到鲁布革三峡、九龙瀑布群、多依河、长源温泉等景区旅游，产生最为直接的旅游收益，从而促进经济社会发展，发挥旅游业的牵引作用，相关资料显示，到 2016 年，L 县的旅游门票收入已经接近 3000 万元；最后，旅游收入的增加，为景区景点的优化升级提供了坚实的财力支持，从而有利于旅游目的地不断突破生命周期的限制、突破发展危机，获得新的生命力。

二是促进了思想解放和观念更新。访谈中，L 县旅游局相关负责人认为，"国际油菜花文化旅游节"的举办以及旅游开发对促进 L 县人的思想解放和观念更新具有重要意义。首先，将旅游资源优势并不明显的 L 县打造成为在全国具有较高知名度的旅游目的地，其间的困难是难以想象的，没有开拓创新的思想观念，不可能解决这些困难。因此，油菜花旅游节的举办以及旅游目的地建构的实践锻炼了 L 县人，也促进了 L 县人的思想解放和观念更新。其次，随着"国际油菜花文化旅游节"的举办，越来越多的游客涌入 L 县，他们带来的生活方式以及价值观对 L 县人传统的观念产生了较大的影响。近几年来，L 县人的思想观念紧跟时代步伐，生活态度、思维方式都发生了较大的变化，思想道德素质也得到了普遍提高，形成了全民办旅游的氛围。

三是优化了经济结构。作为传统的农业大县，L 县素有"滇东粮仓"之美誉。美誉的背后是其经济的瓶颈：产业结构不合理，经济结构严重失调，第一产业比重过高，产品结构单一，成分简单，第三产业发展严重滞后。"国际油菜花文化旅游节"打造和擦亮了"金色花海"这一旅游品牌，塑造了"油菜花海"这一旅游标志物，从而为旅游业注入了强大的生命力，使曾经的经济"短板"迅猛发展，成为带动县域经济发展的强劲引擎之一。几年来，除油菜、烤烟、黄姜等传统产业得到巩固和加强之外，一批新兴产业得到迅速发展，以旅游服务为主体的宾馆、饭店，旅游产品的加工、营销以及交通运输等产业呈现强劲的发展势头，形成了多元化的经济发展格局。

总之，举办"国际油菜花文化旅游节"将近百万亩的油菜花海打造成为旅游标志物，为整个旅游体系注入活力，是 L 县推进旅游目的地建构的神来之笔，是大众旅游时代赋予 L 县人的金色际遇。正是因为抓住并且很好地利用了这个机会，L 县经济社会文化在短期内获得了新的升华，成为广受关注的重要旅游目的地。

二 媒介力量的巧妙借用

对于 L 县旅游而言，"国际油菜花文化旅游节"举办的意义并不在于每年的大型文艺表演有多精彩，也不在于多少明星登上舞台，甚至没有太多的游客是因节庆期间的文化表演而前往 L 县的。"国际油菜花文化旅游节"的举办，其核心意义在于让媒体有一个聚焦的机会，并通过媒介的影响力向世界宣告，L 县是一个值得一游的旅游目的地。媒介的力量是巨大的，而且易于引发马太效应，能让受到关注的地方愈加受到关注，并在聚焦中产生聚变。

L 县之所以能够脱颖而出，成为云南众多旅游目的地中的后起之秀，在很大意义上是因为巧妙地借助了媒介之力：当旅游之水尚未浸润 L 县山川的时候，正是一篇篇发表在大众媒介上的关于自然和人文之美的颂歌吸引了少量游客的关注，旅游目的地建构的星星之火由此点燃，并如漫山遍野的油菜花一样燃烧成海；每一届"国际油菜花文化旅游节"举办之前，L 县都会举办盛大的新闻发布会，以此吸引媒介凝视，从而更好地传播和塑造旅游目的地形象；"国际油菜花文化旅游节"举办期间，几乎都将摄影活动作为重要内容，摄影师们拍摄的大量美轮美奂的作品通过大众媒介传播开去，吸引游客前来；为全方位、多角度展示L县山水之瑰美、文化之绚丽、花海之壮观，L县旅游目的地建构者有意策划很多写作活动，组织作家走进L县，他们饱满的情感和细腻优美的文字抒写出L县的人文和山水之美，并通过大众传媒传播开去，让潜在客源在美丽文字的感召下亲临L县，感受山水壮美和人文隽永；在电视台轮番播放的旅游宣传片中，幽深秀美的江峡、壮丽如诗的飞瀑、细腻柔美的清波、一望无垠的花海、独特无双的峰林、五彩斑斓的文化、淳朴自然的民风，为L县构筑出如画如诗的美妙意境……大众传媒放大了美，也建构了L县之美，独具特色的"油菜花海"声名远播，成为L县旅游最为鲜明的标志物，油菜花亦因此实现了从传统农作物向旅游凝视物的华丽转身。

"山朝水朝不如人来朝"，这原本体现L县人民热情好客的谚语，在旅游时代具有新的含义：为着一场金黄色的视觉盛宴，五湖四海的游客汇聚而来，寻求不一样的旅游体验，而游客消费的热情使住宿、餐饮、景观、购物、娱乐等相关环节呈现良性发展的态势，并支撑起一条以油菜花为主线的旅游经济产业链。

三 现代社会的人们

除了旅游目的地建构者的热情和智慧以及大众传媒的聚焦和助力，L县油菜花从传统农作物到旅游凝视物的转化更有其深刻的社会经济文化因素，那便是大旅游时代和现代社会的人们独特的审美需求。

1978年以来的改革开放使中国社会和世界潮流紧密联系在一起，并开始了从农业社会向工业社会迈进之路。到了20世纪末，中国城市社会开始呈现工业化的特征，工业化、现代化社会的必然结果是都市化。在都市化社会中，大量人口高密度地生活在一起，而心理上的距离却越来越远、越来越疏离,形成了一种和农业社会完全不同的文明形态。德国著名社会学家齐美尔对城市化的特点进行了深入研究并由此透视了城市人的心灵。在他看来,都市生活的特征在于理性原则对生活各个层面的控制,个性化的生活受到限制,感性的生活受到压抑。尤其是货币经济的成熟,使一切趋于同一化,失去了个性化的色彩。深受齐美尔影响的另一位德国社会学家韦伯也对都市文明进行了研究,并从与齐美尔不同的角度论述了现代生活的特质。韦伯认为,现代生活是规章对人的统治,个体屈从于各种科层化或官僚化的体制,因此,生活受到理性主义的压力,变得越来越千篇一律,缺乏变化。韦伯形象地把这种现代生活称为"铁笼"。在这样的背景下,用齐美尔的话来说,个体有一种冲出这一封闭生活的冲动,而这种冒险的本质在于"它从生活的连续性中突然消失或离去"。[1] 用韦伯的术语来说,个体需要通过某种像审美或性爱一样的活动来超越"铁笼"般压抑的生活。[2]

齐美尔和韦伯的理论都过于精深,也过于复杂。在笔者看来,目前为止,人类社会两种最基本的文明形态就是工业文明与农业文明,厌倦了工业文明的城市人总是希望从"生活的连续性中突然消失或离去"一段时间,同样厌倦了农业文明的人也希望进入城市文明获得不同的体验。这种逃离的过程和行为就是旅游,这种逃离的冲动就是旅游的冲动。为此,旅游被赋予朝圣一般神圣的地位,被放置到洗涤心灵、唤回激情与活力的高度来看待。

毫无疑问,今天在城市的封闭与重压下生活的人们都渴望回到自由散漫、充满乡土味道的农业生活中去。而在 L 县,满地金黄的油菜花遮蔽了农业社会的贫穷和辛苦,呈现一幅唯美的农业社会图

---

[1] 〔德〕齐美尔:《时尚的哲学》,费勇译,文化艺术出版社,2001,第 204 页。
[2] Gerth and Mills, *From Max Weber: Essays in Sociology*, New York: Oxford University Press, 1946, p. 342.

景，打动了城市人被制度、尾气、教条乃至无处不在的"等级"压迫的心灵。在田野工作中，笔者注意到几乎所有的游客都来自大城市，而多数人不远万里前来，汇入茫茫花海，最原初的冲动就是贴近泥土的芳香、自然的质朴、空气的清新、美轮美奂的乡村幻想，并从中汲取生活的"地气"。在一望无垠的花海中漫游，逃离"铁笼"的游客自由自在地追逐花潮，毫无防备地享受美食，随时邂逅儿时熟悉的虫蝶，心灵自然会舒展开来，天空自然会明净起来。在多依河风景区，传统农业劳作被作为旅游项目开发出来并获得了游客的青睐。可见，对自然之美的向往和对泥土芳香的偏爱，是中国人的集体性格，而大量游客来到以百万亩油菜花海为标志物的 L 县旅游，其心灵深处的动机便是以自然的清净和泥土的圣洁，洗涤蜗居城市的倦怠。

从工业社会逃离的人们为什么要到 L 县呢？这可以从对油菜花旅游形象的塑造里找到动因。L 县油菜花总是以一种特别的柔情触动人类心灵。这种柔情通过作家柔美而细腻的文字，变成了一种摸得着、看得见的真实。在作家的笔下，L 县是如此的美，美到你会觉得不到这个地方就对不住自己的身体。

> 可以说油菜花所营造出来的美正是精妙绝伦，举世无双。面对这种朴实无华、毫无隐藏的绽放，我们所能做的只能是尽快洗涤心灵深处的俗念，然后试着走到它们中间去。（油菜花海）

> 把这些典型的喀斯特峰丛包裹在无边无际的温情中，这是 L 县人的首创。徜徉在那样的世界里，其实我们已经过了一把生活在天堂的瘾了。（金鸡峰丛）

> 在花海中生活，在花海中构筑和守望我们温暖的家园，看洁白的薄雾从花朵中升起，是一种怎样的幸福啊！（花海晨雾）

这是另一种美，迂回、含蓄、婉转，这是智慧与自然的克隆。它让我们在每一个瞬间都有着崭新的视像，在每一个夜晚都饱含信心和向往。（牛街螺丝田）

养蜂人——中国唯一的流浪春天的吉普赛人，他们在坝子的每一个田间地角安营扎寨，编织着春天的童话，酿造着春天的故事，播种着春天的语言，然后心平气和地等待来年春天的到来。（花海养蜂人）

这纯粹不是花，从高山到平坝，从山林到村落，这分明是一片寻常心灵无遮拦的呼唤。分明是阳光下生命蓬勃向上的一幅幅写生画。

朝阳之下的油菜花，仿佛是上帝怀中熟睡的世纪婴儿，呈现给你的是一种静谧，一种无言的灿烂，一种纯净的沉醉。

真的，这是每一个游者心中永远的圣地！来吧，它给你的绝不是"黄金无边"几个字所能概括。①

如此温馨的世界、如此美丽的意境，正是从都市中逃离的疲惫心灵可以安放灵魂的花园，正是冲破"铁笼"的心暂时栖居的绝佳圣地。于是，带着一颗颗寻找宁静的心，游客们来了。他们用无尽的金黄温暖生命的每一个角落，让被城市的刻板生活和噪音折腾得浮躁不堪的心灵在油菜花的光辉与温润中彻底放松。在个人空间里，一名到过 L 县的游客写下了这样的旅游体验：

油菜花怎一个"美"字了得。不经意间就想到了一句歌词："就算变了时空，变了一切，你的颜容不会变。"这该是我心中不变的祝福吧。L 县油菜花的美不仅是它的自然景观，它那自然的纯

---

① 何晓坤：《L 县》，云南科技出版社，2001。

洁与宁静所诠释的生命中和平宁静的本性，或许才是它更动人的美丽。

当我再次凝视灿烂的油菜花海，凝视来来往往的行人到了这里后总要那么深情地注视这一泓纯净透明的碧水，眼里深藏着眷恋与回忆，我知道在他们的心里，一直有无数涌动着的青春和花季回忆，可只有在这里，远离了城市的喧嚣，远离了虚伪的面具，他们才真正感受到心灵的温润，感受到被一片花海穿透心灵的惬意与温暖。我想起了诗人徐志摩在《再别康桥》中深情地写道："在康桥的柔波里，我甘心做一条水草。"而在油菜花起伏的花海里，每一个人都会甘愿做一条水草，在青春和花季的记忆里，慢慢变老。①

柔美的文字、深厚的情感，道出了在都市的"规则"中生活得身心疲惫的生命对"离开"的渴望，而 L 县旅游的独特禀赋，特别是那漫无边际的油菜花，注定是"逃离者"安放心灵的最佳场域。相反的是，因为旅游产业的发展而富裕起来的当地人却没有感受到自己生活在美好中，有了钱的他们去北京、去华东五省，去体会都市文明的繁华与刺激，去感受现代工业文明的"高大上"。而且，他们绝不会到青海看油菜花、不会到婺源看油菜花，也不会去陕西汉中看油菜花。2009 年 1 月底，笔者在机场邂逅了前往北京旅游的 L 县某村旅行团，也正是这次邂逅坚定了笔者为 L 县旅游目的地建构撰写民族志的决心。

第四节　小结

滇东览胜景，唯有到 L 县。毫无疑问，在旅游资源相对贫乏的滇东

---

① 潘宏义：《在那油菜花盛开的地方》，《西部论丛》2010 年第 3 期。

大地，L县的自然景观优势是鲜明的，交通条件也是便捷的，但是，在云南全省范围内来看，就其景观的独特性和旅游开发时机而言，并没有成为在全国具有广泛影响力的旅游目的地之优势。

L县旅游开发的初衷是打造以鲁布革三峡、九龙瀑布群、多依河风景区为主体的旅游体系，并通过门票收入以及旅游业的综合带动能力实现区域经济发展。其中，鲁布革三峡的卖点是高峡出平湖的自然景观，九龙瀑布群的主要吸引物是瀑布群，多依河则取其柔美、秀丽、幽静。客观来看，这些景观是秀美的，但作为旅游目的地，其独特性是有限的。从九龙瀑布群来看，全国实在有太多瀑布可看，而且近在贵州的黄果树瀑布就名气而论已远远超过九龙瀑布群；距以"鲁布革冲击波"为契机形成的鲁布革三峡景观不远之处就有更加雄奇壮丽的三峡存在；布依风情和自然风光相辅相成的多依河景区在山水奇异、风情独特的云南也并非不可替代。那么，L县有什么是不可替代的呢？那就是数十万亩连片种植的油菜花辅以独特的峰丛景观以及较早的油菜花花期。幸运的是，L县的旅游目的地建构决策者敏锐地捕捉到来自大地深处的灵感，有效地发掘了金色花海中蕴含的旅游价值，并成功地将油菜花海打造成了旅游标志物。有了站得住、立得稳的旅游标志物，L县旅游就在中国旅游体系中树立了旗帜和标杆，从而获得了广泛的游客凝视，旅游体系由此有效运转起来，并呈现前所未有的生机、活力。

深入剖析L县油菜花从传统农作物转化为旅游凝视物的过程，笔者深刻地感受到，这一转变成功的秘诀在于有效解决其中的矛盾：在作为旅游凝视物的同时，油菜花依然很好地保持了传统农作物的特性。那么，首先要解决的就是油菜花作为传统农作物与旅游凝视物之间的矛盾，使两个"身份"相得益彰。在田野工作中，笔者了解到当地农户从油菜花旅游开发中获得的经济效益是有限的，这说明对于广大农户来说油菜花依然是传统农作物。作为旅游目的地建构的主导者和决策者，县委、县政府深刻地明白这一点，因此，在发展旅游的过程中，他们始终将农户的利益放在第一位：政府在选择籽种的过程中，并不会为了延长花期而要求农民使用相应的品种，更不会强迫农民种植只是花开得好而收成并不好的油菜品种；在农作方式上，并不会因为旅游的需要而要求农民违反耕作节令。相反，为了激励农民的种植积极性，县委、县政府在确保油菜籽销路畅通的同时制定了最低收购价，降低了农民的种植风险。

可见，L县旅游的成功有两个秘诀：一是较好地利用了自然生态特色，将原本作为传统农作物的油菜花打造成了美好无限、意境无穷的旅游凝视物，让旅游资源并非一流的L县异军突起，成为重要的旅游目的地；二是尊重自然规律，不因为旅游的需要而人为生硬地改变自然规律，在使油菜花成为旅游凝视物的同时，能够更好地维持其作为传统农作物的地位，并以此保障民生。

第三章　借花升华：旅游目的地再造与提升

　　首届油菜花旅游节的举办，极大地提升了 L 县的旅游知名度，游客急剧增加。据统计：2000 年，全县共接待游客 81.3 万人次，旅游综合收入达 13617 万元，与 1999 年相比分别增长 132.2% 和 172.3%；2001 年，接待海内外游客 99.05 万人次，比上年同期增长 21.8%，旅游综合收入达 29537.87 万元，比上年同期增长 116.9%；2002 年，全县接待中外游客 110.07 万人次，实现旅游综合收入 32724.31 万元，分别较同期增长 11.1%、10.8%。[①] L 县通过摄影和文字凝固下来、通过大众媒介特别是网络媒介扩大开来的"美"，吸引着越来越多的游客凝视。汇聚而来的游客凝视产生了巨大的能量，借助这种花潮卷起的势能，[②] L 县顺势推进旅游目的地建构，而一系列提质增效的举措，又进一步提升了旅游吸引力。

第一节　丰富旅游内涵

　　如果将茫茫花海比作 L 县旅游的光洁肌肤和姣好容颜，那么一个个

[①] 数据来自中共 L 县委史志办公室编《L 县年鉴》，2001~2004。
[②] 潮汐往往携带着巨大的势能可以开发利用，笔者在此使用"势能"两字有两层含义：一是将 L 县的"花潮"喻为海潮；二是将油菜花旅游节的举办带来的旅游带动力比喻为海潮的势能。

景区景点则无疑是其骨骼，或者是五官。可以想象，如果远道而来的游客只能游弋花海而不能获得更丰富的旅游体验，那么不仅仅是游客的损失，更是 L 县旅游的损失。L 县旅游目的地建构者对这一点的认识十分到位，因此，在油菜花旅游节持续取得成功、油菜花海成为旅游标志物的同时，他们将更多的精力投放到提升旅游内涵方面，确保游客在漫游花海之余有其他去处，以便在 L 县停留更多的时间，获得丰富的旅游体验。

一 打造多依河风景区

多依河柔美秀丽，两岸居住着具有多彩文化的布依族，旅游开发价值突出。在 L 县旅游目的地建构的初探期，无论是具有半官方色彩的旅游资源调查报告还是具有浓厚官方色彩的旅游宣传文章，都将多依河作为一个亮点进行介绍。事实上，多依河原本是计划作为首批景点进行开发的，但因其地理位置相对偏远、当地少数民族对旅游开发的意义认识不足等原因而暂时搁置，只是进行非市场化的保护性开发，旅游设施亦较为简单。"国际油菜花文化旅游节"的举办以及与之相伴的大量旅游推广宣介活动的开展，极大地促进了旅游产业发展，而风生水起的旅游业带来了旅游地的繁荣，也冲击了旅游地原住民的思想观念。生活在多依河风景区周边的居民看到了旅游发展红利，不仅不再反对旅游开发，而且积极投身其中并从中获利，于是，县委、县政府将全面开发多依河风景区提上议程。

对多依河风景区进行全面开发，首先要解决的问题是：如何将已经被当地人占据的、不规范经营的旅游市场转化为政府主导、规范经营的旅游景区。在保护性开发阶段，县政府筹资修通了到达景区的道路，并修建了全长 12 公里的旅游游路，使景区具备了初步的旅游条件。同时，对尚未全面开发的多依河风景区，进行了旅游宣传和推介，例如在《L

县无处不风景》中就对多依河风景区做了描述："多依河毗连鲁布革三峡，长19.8公里，两岸岩壁耸峙，形状千奇百怪，那些数不胜数、奇妙无穷的千年钟乳更为她增添了无穷的魅力，加之在水波之上扑打嬉戏的鸳鸯和丛林石壁中欢腾跳跃的群猴，使你有了一种在通往远古的时光隧道中穿行的感觉。船到上游，不远处从天而降，琼花碎玉上下横飞的飞龙瀑布，又把你拉回到如诗似画的现实中来，让你久久回味无穷。"这些唯美的描述，为多依河塑造了诱人的旅游地形象，并深深地吸引了远方的游客。

首先到多依河的是来自周边城市的自驾车游客和背包客，随后，旅行团开始进入景区。面对越来越多的游客，当地人的经济细胞被触动了，他们纷纷投入旅游服务，并由此获利。看到不断进入的游客，当地人首先想到的是门票收入，开始村里几个人联合在景区门口设"关卡"，有人进入必须交钱。少数人获利之后，村里其他人自然不干，于是禁止了这种做法并由村集体印刷门票向游客收费。此外，当地居民还向游客提供骑马、坐轿、坐三轮车等游览景区的服务，同时在景区部分河面提供乘坐竹筏等服务。于是，多依河景区在一段时间内处于一种当地人主导的无序状态。虽然处于一种比较混乱的状态，但游客数量还是不断增加，根据相关人士介绍，到20世纪90年代末，多依河风景区每年将近有10万人进入，已经形成了较好的旅游发展态势。

混乱的状态存在较大的安全隐患，不利于旅游业的健康发展，同时影响旅游目的地形象。经过酝酿，县政府认为对多依河风景区进行全面建设的时机已经成熟，而且已经到了必须推进的关键时刻，于是当机立断启动了景区全面建设工作。

由于准备充分，且基本的旅游设施已经具备，多依河风景区的全面建设更多地体现在规范管理上，其核心是将原先由当地农民混乱经营的旅游服务项目收归景区统一经营管理，也就是解决利益分配的问题。当地群众自然不肯轻易放弃既得利益，于是他们和政府之间展开了博弈，并因征地等问题与政府发生了一些冲突。虽有冲突，但由于政府在旅游开发中较为充分地考虑了当地人的利益，且当地人也意识到如不规范景区管理必影响长远利益，因此，景区建设工作得以顺利推进。多依河风景区实现了规范化管理，并成为L县继鲁布革三峡、九龙瀑布群之后具有较高知名度的风景名胜区。

在推动景区规范化管理的同时，L县还对景区进行了精细化建设，使其更具吸引力。以精细化建设为目标，L县旅游局聘请专家团队对景区进行了新的规划设计，并按规划要求，筹集资金近2000万元，建设了景区入口大门、管理经营用房、停车场、歌舞表演场、标志性水车等，并对景区周边的部分民居进行了补贴。此外，还在景区内部修建了将近6公里长的电瓶车游览道路、板台风雨桥、水车功能展示区、公共卫生间等，使景区功能更加完善、品质更加优良。经过近1年时间的封闭建设，多依河风景区完成了一期工程，并于2001年9月29日举行了隆重的开业典礼，以新的面貌迎接国庆黄金周和第二届中国国际旅游交易会的到来。

在妥善处理旅游开发相关者利益方面，L县主要从三个方面开展工作：一是坚持资源共享的理念，根据景区收入情况不同，将15%~20%的门票收入留给当地社区；二是进行规范性引导，将部分餐饮、小商品、旅游纪念品、土特产等旅游消费市场留给当地居民；三是在景区保留了骑马、乘轿、坐竹筏等旅游项目，由景区统一经营，并使用当地劳动力。根据田野工作材料，多依河风景区当地人对旅游收益较为满意。在景区门口经营小食堂的布依族村民说："在景区管理部门的指导和要求下，我们非常注意饮食卫生，游客也放心地消费，这确保了收入的稳定增长。今年菜花节期间，我的小饭馆最好的一天收入近2000元，我们对收入比较满意。"另一个主要以经营旅游纪念品为主的村民则说，他在旅游淡季制作了大量小水车，在旅游旺季销售，最好的一天收入1780元。多依河风景区规划全长12公里，其中涉及多个社区，目前，几乎所有社区都享受到了旅游带来的收益，景区居民生活有了比较明显的提高。此外，随着旅游开发力度的持续提升和游客数量的不断增加，景区周边社区出现了一系列良性连锁反应：首先，不断增加的旅游收益使得当地人非常珍惜旅游开发事业并用心维护景区形象，使整个景区平安和谐；其次，旅游开发提升了旅游地文明水平，从而增强了当地人的自信心，他们的精神面貌也有了较大改变。

多依河风景区建设和全面开发利用，使L县除了油菜花海、鲁布革三峡、九龙瀑布群之外，又多了一个具有吸引力的旅游目的地，从而丰富了旅游内涵，使游客在欣赏花海景观的同时能够体味旖旎秀丽的山水风光和绚丽多彩的布依族文化。

二 打造节庆旅游项目

L县境内居住着布依、彝、苗、回等少数民族。这些少数民族各有各的语言、服饰、节日、歌舞和生活习俗。如布依族的"二月二"对歌节、"三月三"泼水节、尝新节，彝族的火把节，苗族的"采花山"，回族的"古尔邦节"等节日活动风情浓郁、特色鲜明。此外，祭山、祭水、祭树、祭老人房等布依族民俗活动古朴神秘。独特的少数民族文化是宝贵的旅游资源，在开发自然风光的同时，L县也把民族文化旅游资源的开发作为重要内容来抓，并不断拓展民族文化旅游开发市场。特别是在"国际油菜花文化旅游节"品牌打造之后，"二月二""三月三"等娱乐性较强的节日，被纳入节庆活动中，并成为其重要组成部分。

事实上，L县旅游从开发之初便与民族文化紧密联系且相辅相成。鲁布革三峡景区之所以吸引游客，除了有"高峡出平湖"的自然风光之外，还有神秘的布依风情；多依河风景区之所以让游客流连忘返，除了有旖旎的山水之外，还有浓郁的布依族文化；九龙河风景区除了有"一滩十瀑"的美景和"九龙飞瀑泻千丈"的自然风光之外，更有凝聚当地少数民族智慧的神话传说。而真正打出民族文化旅游招牌、建构民族文化旅游品牌是在 2000 年。2000 年 4 月，为配合"中国昆明国际旅游节"的举办，作为分会场的 L 县积极筹办了"三月三"布依歌会并深受游客喜爱，也正是借着这一东风，布依文化走出 L 县的山川和大地，开启了走向世界的历程。此后，每到"二月二""三月三"，多依河风景区、九龙河风景区都会成为歌声澎湃的欢乐之海。

三月三，是布依族隆重祭祀山神、水神，全民欢乐的传统节日，是其众多节日中最盛大的一个，被看作布依族的春节。节日期间男女老幼全都身着盛装聚集河边路旁，打水枪、赛竹筏、玩水车、对山歌、泼圣水，所有布依村寨，均成了欢乐的海洋。正是因为带有极大的娱乐功能，"三月三"具有进行节庆旅游开发的良好基础，于是 L 县将其作为文化旅游特色项目进行重点打造。通过参与节庆活动，游客能够切实参与其中，实现从游客到参与者的身份切换。

"对歌"是"三月三"中最吸引游客的节庆活动。节日期间，男女老少在阵阵锣鼓声中，从四面八方汇聚在一起，尽情咏唱着永远也唱不完的歌。山歌对唱一般由未婚青年男女参加，是布依族青年男女相互表达感情的方式之一。布依人恋爱自由、婚姻自主，男女之间常常是以歌定情。男女初次对歌，一般是集体对唱。双方有意者，便约定时间、地点单独对唱。歌场上对歌，一般由一男对一女，或一群小伙对一群姑娘，赢者在获得荣誉的同时，也获得了爱情。三月初四到初六，布依山寨歌声如潮，无论是路边绿树下、河边岩石上，还是山腰的绿荫深处，都是青年男女对歌的身影，无论是山头、溪旁，还是无人踏过的深草地里，都会听到悠扬的歌声。

在布依族村寨中，三江口的歌最多、最好。① 三月三，三江口成了布依人的乐园。河畔上欢声笑语、歌声飞扬，大人带着胸挂红鸡蛋的娃儿，提着花饭，在河边一边玩耍一边吃。孩童们欢天喜地，划竹排、打水仗、玩小水车，无忧无虑地追逐。来自四面八方的游客禁不住如此欢乐的诱惑，纷纷加入欢庆节日的行列中。"妹拿花碗丢上天，花碗落在海中间。有心有意捡花碗，无心你莫到海边。"一阵欢快的笑声在姑娘群中响起，她们七嘴八舌地向小伙子挑战："快对呀！"这时小伙子也不甘示弱："郎放鸭子妹放鹅，共同放在一条河。鸭毛飞到鹅身上，千里路上来会合。"布依族对歌多采用比兴手法，歌词生动含蓄、韵味无穷，声音质朴自然、亲切感人，飘过山冈，荡过滩头，款款漫过人们的心扉。歌潮中布依人会不约而同地摆山歌擂台，"唱得日头西边落"。这一对，少则两三个小时，多则从早唱到晚，从晚唱到第二天天亮。许多未婚青年男女，就是通过对歌相识相恋，最后一定终身。布依山寨，三月三，歌声如潮，正像那盛开的山花一样烂漫，像秀美的多依河一样迷人。这是布依族"三月三"对歌节的场景之一，也是这一节日在游客记忆中的体现。

和油菜花旅游节一样，"三月三"对歌节也成为 L 县旅游中的一个重要品牌。2000 年，"三月三"布依歌会期间接待游客 6.96 万人次，综合经济收入达 1168 万元。"三月三"布依歌会的成功举办，丰富了 L 县旅游文化内涵，为 L 县旅游发展谱写了新的一页。以布依族文化的开发为契机，L 县还在省、市旅游局的指导和帮助下，在九龙瀑布群景区的坡脚、明革和多依河风景区的板台、木纳、腊者、多依等村开展"农家乐"旅游活动，进一步拓展民族文化旅游的深度和广度。此外，同僚

---

① 2011 年 4 月 5 日，农历三月初三，笔者到 L 县参加"三月三"对歌节，所写民歌场景为当时现场记录。

族一样，布依族也是水的民族，除了愉悦的歌声，"三月三"晶莹剔透的吉祥之水亦广受游客青睐。

当然，作为文化旅游产品的"三月三"对歌已经慢慢无法收获爱情，收获的是娱乐，是欢笑，是尘嚣中一份质朴的情怀以及疲惫后一份放松的心情和喜悦。在三江口，笔者采访了一名来自上海的游客，他告诉笔者，之所以来参加这样的盛会就是想寻找一种有别于日常生活的文化体验，让自己紧绷的心得到释放。事实上，几乎所有游客都是带着体味差异文化的渴望来到 L 县的。在这高远的山水天地间，他们不会去思考自己眼前的文化是否真实，不会考虑"对歌"的男女心中是否流动着质朴的情。还有一部分游客，忘情地投身于歌会中，将自己淹没在歌潮中。这就是节庆旅游，作为商品搬上舞台的民族文化。

第二节　加强旅游目的地建构规划

以科学、合理、有效地开发利用全县旅游资源，打造更富魅力的旅游目的地为目标，L 县旅游局本着"高起点、建精品、树名牌"的指导思想，在新的起点上认真做好规划，为打破旅游地生命周期的魔咒、实现旅游产业可持续发展奠定了坚实基础。

2002 年，L 县聘请规划部门启动了《旅游发展总体规划》和部分新景点建设发展规划文本的编写工作，为指导旅游资源的保护、开发提供科学依据，为项目建设争取资金、准备材料。经过一年多时间的努力，在深入调研的基础上，《旅游发展总体规划》的编制顺利完成并通过相关部门的评审。《多依河风景区二期旅游基础设施建设项目可行性研究报告》《L 县腊者民族文化生态村规划》《L 县腊者民族文化生态村项目可行性研究报告》等一批旅游项目规划编制也顺利完成并通过评审。这些旅游规划表明了 L 县在旅游目的地建构方面的雄心壮志，也表明 L 县在旅游目的地建构中坚持的科学精神和务实精神。

以国家大力发展工农业旅游为契机，L 县还积极开展鲁布革水电站、油菜花海争创全国工农业旅游示范点的工作，并从两个方面推进工作：一是成立创建工作领导小组，制订申报工作计划，拟订工作实施方案，切实把创建全国工农业旅游示范点作为发展县域经济、促进旅游产业腾飞、解决"三农问题"的核心工作来抓；二是完善"国际油菜花文化旅游节"主会场、"十万大山"、金鸡峰丛、牛街千丘田等景点和鲁布革水电站及产区的基础设施建设，使示范点的旅游基础设施进一步得到完善和加强。这些举措是富有成效的，通过不断的努力，L 县在 2004 年 4 月被国家旅游局评为"首批全国农业旅游示范点"。

L 县地处滇桂黔三省交会处，这一特殊的地缘特征，使其在革命岁月成为进行革命斗争的理想之域并留存了大量革命遗迹。为了进一步结合时代热点开发旅游资源，在推进自然风光和民族文化旅游的同时，L 县还充分挖掘历史文化资源，推进红色旅游资源调研，编制红色旅游规划。调研组深入 L 县地委指挥部旧址、革命文物陈列室，并到县文化局、档案局等单位，对全县的红色旅游资源状况进行客观分析，提出开发 L 县红色旅游的初步意见和建议。此外，在《旅游发展总体规划》的框架下，L 县还认真编制了短期旅游发展规划，在总结经验、反思不足、广泛调研的基础上，主动与发改、交通、农业、林业、水务、城建、风景区管理等部门进行对接，编制旅游发展近期规划和远景规划，为旅游业的近期发展和远景发展制定科学依据。

第三节　提升旅游管理水平

旅游目的地的管理不仅是旅游目的地建构的重要组成部分，而且直接决定着旅游目的地的吸引力和生命力。因此，在按照科学规划不断推进旅游目的地建构的同时，L县一直高度重视对旅游目的地的管理，在整顿和规范旅游市场方面进行了探索，并取得良好的效果。

为进一步规范多依河风景区经营管理行为、创造良好的旅游环境，2002年1月，在景区召开了由经营单位、景区所在地区村民小组负责人参加的景区管理协调会，并抽调专人对在景区内经营的驮马、抬轿、人力三轮车、竹筏等项目进行清理整顿，使得社区居民旅游参与行为更加规范，减少了安全隐患，提升了服务水平。

为解决旅游产业快速发展与旅游市场管理水平滞后之间的矛盾，促进全县旅游市场健康、快速、有序、协调发展，旅游局按照统一领导、分工负责的原则，加大市场监管力度：一是成立由分管领导任组长、相关科室负责人为成员的旅游市场秩序工作组，积极协调卫生、物价、安全、消防等部门，在春节、油菜花旅游节、"黄金周"等重大节假日期间，对旅游接待单位的服务质量、食品卫生、旅游安全、景区综合环境开展大规模的专项检查和整治活动，对在检查中发现的问题进行积极整改；二是加强旅游投诉处理工作，并深入有关单位进行调查研究，协调双方协商解决纠纷，以扎实的工作作风、得当的工作方法化解矛盾，使全县游客投诉案件数量明显下降，有效地维护了旅游消费者的合法权益；三是积极开展星级宾馆酒店核复工作，并以此敦促酒店改善服务水平，为游客创造良好的旅游环境。

通过清理整顿，L县风景区经营秩序得到规范、旅游市场得到净化，为申报国家A级旅游区工作创造了良好的外部环境。于是，L县按照国家风景区（点）质量登记评定标准，正式启动了九龙瀑布群风景区申报国家4A级旅游区、多依河风景区申报国家3A级旅游区工作。为保证申报工作顺利进行，九龙瀑布群、多依河风景区分别召开申A级旅游区工作动员会，认真学习A级旅游区评定工作标准；按照规范性文件编写部门员工手册，并进一步完善景区管理制度；按照标准完善景区设施设备，加强景区设施设备的维修检查力度；加大景区环境整治力度；建立 ISO9000 质量管理体系及 ISO14000 环境管理体系，各景区的员工都进行了 ISO9000 及 ISO14000 质量环境管理体系知识培训，为景区申 A 评定工作打下了坚实的基础。2003 年 12 月，国家旅游局旅游区（点）质量等级评定工作组对九龙瀑布群申报国家 4A 级旅游区所做的各项工作给予充分的肯定，并验收通过相关申请。

此外，L 县还进行了旅游管理体制改革。自 1998 年以来，L 县旅游管理体制一直实行旅游局、风景区管理局、旅游开发总公司"三块牌子、一套班子"的运行模式。实践证明，这种运行模式为发展旅游产业、实施旅游带动战略、建设旅游景区起到了积极的推动作用，为 L 县旅游发展做出了积极贡献。为了更有利于旅游业的快速发展，进一步激活旅游系统的内部运行机制，理顺旅游行政管理、景区经营管理和企业经营管理之间的关系，规范旅游行业工作，努力实现旅游大县的目标，2003 年 9 月，县委、县政府对旅游管理体制进行改革，将旅游局单列为县政府主管旅游的行政部门，风景区管理局作为县政府的直属事业单位，与旅游开发总公司合署办公，为政府管理开发、建设经营风景区（点）的部门，实行事业管理与企业运作相结合的管理方式。此外，旅游局不断强化安全意识，要求相关单位提高认识，高度重视安全问题，经常性地开展自检自查工作，狠抓落实，做到重点突出、严抓整治，并建立健全各种档案和制度。旅游局还组织相关人员每年进行安全大检查，将"没有安全就没有旅游"的观念根植在旅游从业人员的心中。

为不断提高全县旅游行业从业员工的业务技能、强化从业员工的旅游接待服务意识、提高从业员工的旅游服务接待水平，L 县旅游局还多次举办"旅游行业服务技能大赛"。此外，为了使 L 县旅游服务质量和服务水平再上新台阶，县旅游局还根据省、市、县要求，每年组织开展行风评议活动，树立了良好的行风。

第四节　旅游宣传促销

　　为了确保旅游发展的强劲势头，L县旅游局在积极做好景区建设、管理和旅游接待工作的同时，不断创新工作方法和拓展工作渠道，扎实开展旅游促销工作。

　　借用媒介的力量进行旅游促销是L县旅游目的地建构的基本经验之一，而在这一历程中，2002年是一个新起点。这一年，L县先后接待了香港阳光卫视、《文汇报》、《中国旅游》、全国31家晚报记者团等媒体团队；配合台湾百事传播企业有限公司和云南电视台《云南大不同》栏目摄制组完成四集旅游专题片的拍摄；配合日本TBS电视台、香港电视台完成专题片《花海养蜂人》《名人游L县》的拍摄；先后组织参加昆明国际旅游节旅游商品交易会、上海国际旅游交易会、南京国内旅游交易会和云南赴日旅游促销团等宣传活动；在《云南航空》《云南旅游（海外版）》《中国旅游通讯大会》《中国AAAA风景》《全方位导游手册》《云南品牌大全》《奇观滇东》等刊物上发表了图文并茂的旅游宣介文章；通过L县旅游网站与昆明"千龙信息网""L县政府信息网""曲靖信息港""中国旅游信息网""中国环九州"等网站联网展开内容丰富的宣传活动。可见，从2002年开始，L县借力大众媒介推进旅游业呈现高层次、宽视野、多渠道的特点，从而提升了效果、扩大了旅游目的地的旅游凝视范围。此后，L县在借力大众媒体方面紧跟时代步伐，甚至走在时代前列，始终维护着旅游目的地的良好形象。

　　除了依靠媒体进行旅游宣传之外，L县还不断争取举办大型活动来扩大影响力，吸引游客凝视。2002年3月2日，由中国文学艺术基金会、中国音乐家协会杂志社等单位主办，L县人民政府协办的"歌唱西部大开发全国群众歌曲大赛歌手总决赛颁奖演唱会"在L县举行，云南电视台和中央电视台综艺频道对颁奖晚会进行了转播。同年 5 月 13～14 日，由 L 县人民政府冠名的"2002 年全国山地自行车锦标赛"在曲靖举行。作为冠名赞助单位，L 县借此机会进行了大规模的旅游宣传和推介活动，主要措施有：赛前邀请 60 余名选手到 L 县进行宣传表演；向所有参赛的裁判员、教练员、运动员及各新闻媒体记者发放各类宣传资料 2000 余份；比赛期间在赛场制作、安装 50 平方米的大型风光广告牌及 21 条宣传标语；在《中国体育报》、《云南日报》、《春城晚报》、《滇池晨报》、《曲靖日报》、《珠江源晚刊》、云南新华网、L 县旅游信息网、中国环九州、四川峨眉在线等报刊、网站上播发 20 余篇宣传、推介 L 县旅游的文章。有关此次比赛的情况分别由中央电视台、云南电视台、昆明电视台、曲靖电视台播出，起到了较好的宣传、推介作用，进一步扩大了 L 县的知名度，同时为旅游与体育运动的有机结合找到了新的结合点和切入点。2003 年国庆黄金周是"SARS"过后旅游逐步升温、旅游市场健康复苏的一个黄金旅游期，为争取更多的游客，L 县旅游局抽调骨干 10 人，组成 5 个促销组，分赴广东、广西、贵州、昆明、玉溪、红河等省（区）、市、县的各大旅行社、大型企业工会进行市场宣传和景区景点推介。促销期间，共发出光盘、旅游指南、旅行社路线报价表、景区宣传折页等宣传资料 2000 余份，签订销售协议 50 余份。通过宣传促销，2003 年国庆黄金周期间，全县共接待游客数量同比增长 4.1 倍。2004 年，县旅游局在积极配合完成春节黄金周、油菜花旅游节、"五一"和"十一"黄金周宣传促销的同时，积极筹措资金，组织宾馆饭店、景区景点参加 2004 年上海国际旅游交易会、2004 年杭州国内旅游交易会，共发放旅游宣传资料 50000 余份。同时，通过 L 县旅游信息网，大力开展网络宣传促销，加大宣传促销力度，进一步推介旅游产品，提高 L 县旅游知名度。2005 年，L 县的旅游宣传工作亮点频现，首先是举行了"百名导游'赞 L 县'大赛"。大赛的成功举办，丰富了油菜花旅游节的内容，同时进一步向旅行社推介了 L 县，为宣传 L 县旅游发挥了积极作用。此外，2005 年，旅游局在积极配合完成节庆及黄金周宣传促销的同时，积极筹措资金，组织宾馆饭店、景区景点参加玉溪旅游产品采供会、2005 年昆明国际旅游交易会、2005 年桂林国内旅游交易会。同年 7 月，与石林、泸西、丘北三县联合在上海共同举办"滇东南喀斯特精品旅游联合促销暨民族风情展演"活动，组织演出《布依姑娘》《金花银瀑好地方》《水乡春韵》《大三弦》《猜新娘》《小伙四弦马樱花》等具有浓厚云南少数民族特色的文艺演出 53 场，吸引近百万名游客和市民前来观看，接受游客现场咨询 10 万余人次。上海东方卫视、上海东方广播电台、《解放日报》、《文汇报》、《青年报》、《新民晚报》、《新闻晨报》等新闻媒体对活动进行了全方位的报道。此外，宣传促销活动还发放《旅游指南》、《漫画游 L 县》、L 县风光光碟、L 县卡拉 OK 光碟等宣传资料 35000 余份，为进一步打造滇东南少数民族风情，提升 L 县旅游知名度，起到了预期的效果。

第五节　推进旅游二次创业

"国际油菜花文化旅游节"的成功举办、油菜花海作为旅游标志物的成功培育，极大地提升了 L 县旅游吸引力，但是人们对某一事物的热情会不断衰减，对油菜花海也不可能永远狂热。事实上，游客对油菜花海的热情衰减之征兆从 2003 年就开始呈现。《L 县年鉴》记载，2003 年，L 县全年接待中外游客 97.88 万人次，同比下降 10.5%。此后，虽然旅游内涵不断丰富，别出心裁的油菜花旅游节不断举办，但是，L 县旅游一直没有大进步。对于 L 县的特色和亮点——国际油菜花文化旅游节，在 L 县政府内部也形成了不同意见，原因在于每年邀请大量明星，花费实在不少，而从旅游中得到的收益却比较有限。但是，如果不去维持和擦拭"国际油菜花文化旅游节"这块金字招牌，不去做"花海"文章，L县旅游就有可能失去支点，从而陷入万劫不复的深渊，于是，L县政府在一定程度上出现了被"油菜花"绑架的状态：不管从经济学的角度看是否有效益，都必须搞下去，而且必须搞得有声有色。此外，油菜花带有的季节性以及对其他旅游景观的遮蔽效应等，使L县旅游目的地建构决策者陷入进退维谷的窘境。面对此种困境，L县人启动了"二次创业"，力图创新思维，改进旅游目的地建构策略，并以此为契机提升L县旅游影响力和社会经济拉动水平。L县旅游产业"二次创业"始于2006年，标志性事件是这一年的6月13日，全县旅游文化产业推进会暨2006年油菜花文化旅游节表彰大会召开。会议认真回顾和总结了"十五"期间全县旅游工作取得的成绩，指出了存在的问题和不足，对产业面临的机遇和挑战进行了深入分析，并确定了旅游产业"二次创业"的指导思想、总体目标和工作任务。虽然早在2006年，L县就提出了"二次创业"的旅游发展理念，但是真正推进经历了一段时间的探索、思考和沉淀。笔者认为，直到2008年，L县旅游的"二次创业"才真正开始启动。这一时期，L县旅游目的地建构主要从以下几个方面推进。

一　编制"二次创业"规划

为了尽快走出以油菜花海为标志物的旅游发展模式面临的种种困境，县委、县政府决定高起点、大手笔、大投入，推进旅游产业"二次创业"。2008年，在充分酝酿的基础上，以加强对现有旅游区和旅游产品的改造提升和加快新兴旅游产品开发建设步伐为目标，L县启动了"二次创业"旅游规划编制工作。为确保能够制订出高水平的旅游产业"二次创业"规划方案，L县对10余家规划设计单位进行了解和考查，最后按照要求招标选出在规划策划、创意设计和招商融资等方面实力较强的上海华夏伟业（中国）控股有限公司作为旅游规划修编实施单位。该公司对 L 县旅游资源进行了为期 15 天的调查，随后启动了规划编制工作，相关工作于 2009 年 5 月 12 日顺利通过专家组评审。

新的旅游发展规划除对 L 县旅游发展进行了总体规划之外，还对九龙瀑布群、多依河、大鲁布革、金鸡峰丛等景区进行了重新修编，形成了以精品景区景点为支点，覆盖区域广泛、内涵形式多样、产业带动和辐射强有力的旅游综合发展大格局，为 L 县旅游事业发展提供了一个操控性较强的行动指南和纲领。按照"大项目带动大发展"的思路，在新一轮规划修编中，L 县对布依风情园、九龙瀑布群、多依河、大鲁布革等重点景区进行大手笔的建设和提升改造。根据新的发展规划，L 县旅游项目投资合计达 25 亿元，如果按照规划实现，将推动旅游产业升级换代，真正实现"二次创业"的目标。在推进"二次创业"规划的同时，L 县还抓住云南省旅游二次创业的契机，扎实推进系列工作，让宏伟的旅游发展计划有了具体支撑：一是推进云南省重大建设项目申报材料汇编和旅游建设项目用地需求量预测工作，推动"布依风情园"进入云南省 2010 年旅游重点项目建设计划、九龙瀑布群二期基础设施建设进入曲靖市重点项目计划；二是完成鲁布革乡民族团结示范村及民居保护项目建议书，初步完成金鸡峰丛景区旅游项目开发建议报告，切实推动文化与旅游融合发展；三是完成发达村省级乡村旅游特色村规划编制、特色旅游村标识引导系统建设、停车场建设、村容村貌整治、公共卫生间及农家乐经营规范等，并指导腊者村申报云南特色旅游村，推动乡村旅游大发展、大繁荣，充分发挥旅游产业带动区域综合发展的作用。

二 开展招商引资工作

以"二次创业"为目标定位的《旅游发展规划及重点景区规划》等重要文献编制工作的完成,为进一步提升 L 县旅游的品牌形象,建设集旅游观光、文化体验、休闲度假、商务会展于一体的旅游体系打下了基础。而这一宏伟目标的实现,离不开雄厚的资金支持,L 县通过招商引资,为"二次创业"找到了资金。

按照"走出去、请进来"的工作指导思想,L 县将招商引资工作作为一项常规性工作推进。具体举措是:积极到省市旅游主管部门寻求招商引资帮助,并争取项目资金支持;积极参加亚洲旅游地产及景点峰会、国际(国内)旅游交易(博览)会等,积极推介 L 县旅游项目并以更宽的视野、更高的平台,寻找投资途径,确保绘制的蓝图转化成为现实的发展成果;邀请省内投资商到 L 县实地考察旅游投资项目。通过努力,L 县争取到省市大量项目资金支持,并争取到大量民间资金的投入,经过近 10 年的努力,2008 年开始绘制、2009 年确定的新的旅游发展规划已经基本成型,并推动着 L 县旅游上水平、上台阶。根据有关资料,2016 年,L 县接待游客 224.43 万人次,实现旅游综合收入 27 亿多元,其中景区接待游客 62.22 万人次,实现门票收入 2792.07 万元,全县宾馆、酒店、招待所累计收入为 9201.79 万元,全县农家乐累计收入为 1503.7 万元。

三 建设精品旅游项目

旅游项目缺乏可参与性是制约 L 县旅游发展的短板之一。为了切实补齐这一短板,让游客除了观光之外,能够获得更多的旅游体验,L 县旅游目的地建构者将打造具有可参与性的精品旅游项目作为"二次创业"的重要突破口。为此,L 县实施了"五大工程",以实现留住游客的目标。

一是布依风情园建设工程。布依风情是 L 县最闪亮的民族文化品牌，将其作为文化与旅游相结合的重要节点，植入旅游开发实践，为旅游插上文化之翼是 L 县旅游"二次创业"的基本思路之一。为此，L 县决定引入资金，打造"布依风情园"。布依风情园位于城市新中心，占地 214.6 亩，是一个布依风情浓郁、舒适健康、生态而绿意盎然的旅游住地，同时也是一个集观赏、休闲、健身、社会交往、文化生活于一体的旅游场所。风情园坚持"将文化融于生活"的理念，通过塑造布依族文化景观、组织布依族民俗活动、展示布依族特色民俗、体验布依族民俗生活，将分散在山水之间的布依文化元素集合起来，让游客充分体验布依文化之魅力。此外，布依风情园内还修建了一些富有特色的旅游接待场所，其中的超五星级酒店就提升了 L 县旅游接待质量，让游客有更多的选择。

二是九龙瀑布群景区自然生态观光休闲旅游项目建设工程。"如果仅是看一看瀑布，那么在九龙河瀑布群景区游览的时间不会超过一个小时，景区的消费项目也极其有限。"在景区调研的过程中，一名游客道出了九龙河景区一直面临的困境。为了改变游客远道而来，却体验单一的不足，L 县决定实施九龙瀑布群景区自然生态观光休闲旅游项目，以切实提升景区旅游吸引力。这一项目包括灯光夜景工程、瀑布山庄改造工程、人行游路闭合工程、生态文化村建设工程、水上休闲娱乐项目开发、景区西大门片区建设、景区二级保护区全景绿化工程、景区入口外移工程、旅游专线公路改造提升工程等，切实提升了景区品质。此外，以吸引游客在景区住宿为目标，L 县还加强把本土文化注入景区，打造"梦幻九龙水钢琴""炫动九龙瀑"夜景项目，把九龙瀑布群风景区打造成富有娱乐性的瀑布观光游乐区和具有县城后花园功能的休闲度假旅游区。

三是多依河民族生态文化休闲度假项目建设工程。多依河景区上游延伸至源头腊者，下游延伸至三江口，是一个颇具旅游开发价值，包括腊者、多依、雷公滩、水坝、三江口多个旅游段的景观群。针对多依河风景区开发范围小，大量优美景观尚未开发的问题，L县决定将扩展景区游线作为"二次创业"的重要抓手，着手实施了一系列建设项目：建成"腊者民俗体验区、漂流观光游览区、旅游商业服务区、观光互动游乐区、主题休闲度假区、三江口水上游乐区"六个功能区，将多依河景区打造成集观光、休闲、度假、娱乐、体验、商务于一体的旅游景区，进一步推动文化与旅游融合发展，进一步开发景区民族文化资源，进一步发挥旅游带动社区发展之功能；推进三江口滇黔桂三省（区）旅游大通道枢纽建设，充分发挥L县"鸡鸣三省"的地缘优势，以三江口为枢纽，打通三省旅游线路；推进景区全景绿化、美化工程，并将布依族文化全景展示工程作为重要内容，凸显布依风情；结合布依族独特的民俗文化，打造以蜜月旅行为主题的"爱情36计"旅游项目。

四是大鲁布革生态体验休闲景区项目建设工程。鲁布革三峡是L县第一个旅游景点，但如果仅是一个孤立景点，且地处偏远，其旅游吸引力必然降低。因此，在"二次创业"规划中，L县提出了"大鲁布革"的概念，努力打造"大鲁布革"旅游圈。"大鲁布革"旅游圈建设围绕"小三峡"、渔港小镇、鲁布革水电站等精品景点展开，通过"旅游圈"的打造，实现整个景区区域内旅游资源功能互补，打造具有布依族特色的观光休闲度假胜地。其中鲁布革三峡旅游区综合开发项目重点为：景区主入口码头建设，飞龙瀑布景区打造，环境绿化，登山观景游路及旅游接待配套设施和经营服务设施建设，布依文化生态村建设，景区与集镇旅游线路连线建设。渔港小镇建设项目重点为：通过资本运作，引入熟悉酒店市场、资金和操作能力强的开发商，将鲁布革乡打造成万峰湖上的渔港小镇，强化娱乐度假、生态休闲、保健、会务等配套功能建设，将鲁布革建设成集旅游、休闲、健身、娱乐、疗养和会务于一体的高档接待服务中心，打造"休闲港湾鲁布革""万峰湖休闲渔港"产品体系。鲁布革水电站景区建设项目重点是：加快鲁布革水电站景区语音解说系统、标识系统等建设，继续增强工业旅游效应，力争把鲁布革水电站景区打造成全国知名的工业旅游区。

五是金鸡峰丛景区综合旅游观光项目建设工程。依托"世界最大的自然天成花园"旅游品牌及独特的喀斯特峰林峰丛地貌，打造以爱情、浪漫、动感为主题的"花海蜜月唯美之旅""金色花海，浪漫之约""蜜月寻香新春浪漫游""千里走单骑，行游赏峰丛""空中蜜月婚庆游"等主题旅游产品，建设动感单车峰丛品赏游道及峰林峰丛自行车越野赛道、浪漫小火车花海峰丛观赏游道、金色花海主题婚纱摄影基地、热气球空中观赏花海峰丛基地及各项基础接待服务设施等建设项目。

第六节　小结

尽管学术界对巴特勒的"旅游地生命周期"理论存在较大争论，但是在 L 县旅游目的地建构实践中，"生命周期"的迹象亦有所体现，而旅游目的地建构的过程也正是不断为旅游目的地注入活力，并使其走出"周期"陷阱的过程。

20 世纪 90 年代初期，在汹涌澎湃的旅游大潮中，以 HLC 为代表的民间人士本着追求经济利益的初衷，推动鲁布革三峡旅游风景区建设，开启了 L 县旅游目的地建构的探查期，而其后具有官方背景的旅游资源调查，将这一阶段向更深处推进；在政府主导、大量资金投入、坚实政策支撑下，九龙瀑布群、多依河风景区、油菜花景观的建构以及民族文化资源的开发利用阶段可视为 L 县旅游的参与期；"国际油菜花文化旅游节"品牌的打造、旧有景区景点的改造提升、新意迭出的旅游目的地推介活动开展时期无疑是 L 县旅游目的地建构的巩固期;"二次创业"以及由此带来的景区景点的再次升华、旅游功能的不断扩展、"旅游圈"的打造和成型时期,是 L 县旅游目的地建构的发展期;当旅游目的地吸引力不断减弱、"国际油菜花文化旅游节"举办陷入进退维谷的窘境、旅游的区域发展拉动力不断减弱、旅游业囿于季节性影响而难以突围的时候,L 县旅游自然陷入发展艰难的衰落期。当然,旅游目的地各个生命阶段的特征,不可能如巴特勒说的那么刻板与鲜明,且各个阶段之间也不可能有泾渭分明的界限。

那么,"旅游地生命周期"理论是一个可怕的魔咒吗?当然不是,它是一种警示,告诉旅游目的地的建构者,旅游目的地建构是一个没有结束的事业,需要不断注入活力,需要通过持续不断的建设实践保持其魅力。因此,笔者认为,旅游地生命周期是不断促进旅游目的地建设发展的动态过程,而非如生命有机体一样是从生产到覆灭的过程。透视 L 县旅游目的建构的实践,笔者最为深刻的感受是,在不断经历窘境并不断突围的过程中,L 县旅游目的地建设不断完善、旅游内涵不断丰富。

第四章　注入性灵：旅游目的地文化建构

就本质而言，旅游目的地建构就是"旅游景观"生产并吸引游客凝视的过程。何谓"旅游景观"？解读这一概念的关键在于对"景观"含义的理解和认知。在日常生活中，"景观"泛指"可供观赏的景物"。[①] 19世纪初期，德国地理学家洪堡从学术层面上对"景观"概念进行了解读，提出所谓"景观"就是透视中所看到的地表景色或景色基本相同的区域单元。可见，在洪堡的学术世界中，景观是由气候、地貌、水文、土壤等自然要素以及文化要素组成的地理综合体。因此，景观也就有了自然景观和人文景观之分。20世纪70~80年代，旅游研究方兴未艾，学者们开始从"景观论"的视域研究旅游，并形成"旅游景观"的概念。从旅游体验差异、愉悦身心、感受新奇的旨归出发，学者们将某一地理区域内具有一定景色、景象和形态结构，可供观赏的景致、建筑和可供享受的娱乐场所等客观实体，以及能让旅游者感受、体验的文化精神现象，甚至该区域内出现的优美环境条件以及旅游接待服务等内容泛指旅游景观。[②]

基于"景观"有自然景观与人文景观之分，旅游景观亦有自然旅

[①] 中国社会科学院语言研究所词典编辑室编《现代汉语词典》（第7版），商务印书馆，2016。

[②] 翟艳春：《旅游景观的文本化与神圣化——符号学与社会学的双重视野》，《昆明理工大学学报》（社会科学版）2011年第11期。

游景观与人文旅游景观之别,而兼有自然之美与人文之韵的景观正是旅游目的地建构的良好境界。L县旅游目的地建构决策者高度重视旅游景观的人文价值挖掘,并将旅游目的地的文化建构作为重点,为自然的山水田园景观注入人文内涵,增添神性光辉。金色花海、隽永峰林、秀美山水,使L县美成童话,通过旅游目的地文化建构实践,L县人为唯美的童话世界注入性灵。

第一节 发掘整理景区景点民间传说

L县地处边陲,但并非文化贫瘠之处,其"鸡鸣三省"的战略位置,为历代王朝所重视,深厚的文化亦以此而生。L县富庶的文化资源,除记录在典籍上的阳春白雪之外,更多的是沉淀在五彩斑斓的民族民间文化之中的下里巴人,而绚丽多彩的民间传说是其最为绚丽的花朵。入目三分景,七分在内涵,L县旅游目的地建构的创业者除了发现和塑造山水之美外,还特别重视发掘景区景点的民族民间文化,为自然、质朴、秀美的山河注入文化之灵,使旅游景观既有自然之美,更富文化内涵。

一 多依河的传说

多依河原本是流淌在高山峡谷之间的一条河流,因其河床是独特的喀斯特结构,在千万年的时光流逝中,雕刻出一个个奇特的景观。在旅游时代,多依河孕育的布依文化被发掘出来,使其成为重要的旅游目的地。连同美丽风景和绚丽文化被发掘出来的,还有如多依河的流水一般,在当地人中代代相传的关于多依河来历的神话和传说。这些神话和传说,在景区导游千万遍的解说中、在文人雅士动情的叙事里"复活",并走出神话、走出传说,成为清澈的河流和诱人的风景最真实的源头,而神话和传说中的"情"和"爱",又使景区的每一朵浪花和每一片树叶都具有了人的性灵和情义。

很久以前，多依河流淌的区域内根本没有河流，两岸山石耸立，寸草不生，附近的人生活得十分艰难。有一天，一公一母两条龙从远处而来路过这里，觉得这个地方实在太干燥，于是商量说："既然我们看到了，就不能不管，为天下人做点好事，开一条河吧！"

开挖一条河，不是一件简单的事情，要考虑附近有没有水源、能不能引水过来等问题。于是，两条龙满山遍野地去寻找，好不容易才在山的另一面找到一股流水。于是，两条龙决定打洞过山，引水造河。造河计划定下来了，但是公龙觉得自己力气比较大，和母龙一起挖洞实在太吃亏，于是便心生一计，说道："并着打一个洞，洞身太小，过不了多少水，不如我们俩各自打一个洞，两个洞过水大。"母龙虽然明白公龙的小心眼，但还是答应了。最后，两龙约定挖好洞后以吹牛角为号，随后便开始引水。

生性好玩的公龙以为自己力气比母龙大，而且找了一个比较好挖的地方挖洞，一定能够在母龙之前把洞挖好，于是公龙决定先去玩一阵子。一玩起来，公龙就把挖洞的事情忘得一干二净，直到母龙挖好洞吹响牛角才幡然醒悟，但是为时已晚。公龙羞愧难当，觉得再也没有脸去见母龙，一气之下在洞口岩石上拉起一根青藤，套在脖子上，然后跳下悬崖吊死了。

母龙引来了水，造就了多依河。此后，两岸地区物产丰美，人民安居乐业。当地居民便将母龙供奉为水神，每到"三月三"都要祭山祭水。

在多依河风景区，导游小何绘声绘色地讲解着有关河流来历的神话传说，流畅的语言、轻松的表情证明，这一传说已根植在其内心深处，而所有的游客亦津津有味地听其解读,仿佛在历史更深处的洪荒时代,真有一条勤劳的龙,以惠济苍生的情怀,引来清流,创造美景。在有关L县的旅游宣介材料中,这一传说亦多次出现,而有了这一故事,多依河便有了悠远的印迹,就有了生命与灵魂。

二 白腊山的传说

L县县城所在平坝是其所在地级市内的第四大坝子,其四周有山川如屏障环抱。环抱平坝的山名为白腊山,山虽不高,但景观奇特,即便是晴朗之日,山顶也常有云雾萦绕,形成一道奇观。关于白腊山以及其怀抱中的富庶平坝,同样有一个悠久的民间传说。①

> 很久以前,L县周围的地方是一片汪洋,海边的山又高又陡,人们无法居住。天帝召见白龙说,"下界的凡人太苦,没有地方住,你去将这个大海的水排干,给老百姓做点好事"。
>
> 白龙领命来到海边查看,看到大海东边的山上有一个垭口。垭口外是一条很深的地缝,通到很远的地方。白龙心头一喜,想到只要把海水引向地缝就可以排干了。于是,他吩咐三个儿子和一个女儿潜入海底,找合适的地方打洞。白龙和四个儿女没日没夜地打洞,很快就打通了从海底到地缝的水洞,海水也很快排干。
>
> 排干了海水为人类增加了土地,却破坏了海洋生物的家园,于是战争在白龙一家和海里的精怪之间展开,其中海里的黑龙九兄弟发誓要打穿西边的大山,将水引来,重新把平坝淹为海洋。白龙把情况向天帝禀报后,天帝说:"白龙黑龙都是龙,不要自相残杀。

---

① 2011年3月25日,笔者在L县城郊区羊者窝村进行田野调查,其间83岁的LGF老人为笔者讲述了关于白腊山的故事。事实上,围绕白腊山,有很多故事在L县流传,可见此山对L县人生活的重要性。

他引水，你就堵住它吧！再说，那边百姓的安宁还要靠你，我封你为安边景帝，你就永远留在那个地方。"

白龙领命返回，黑龙九兄弟的引水洞快要打通了，为了避免血战，他对儿女们说："我就在引水洞前方变成一座山拦住它们，你们好自为之吧！"说完，就地一滚，变成一座绵延起伏的白腊山。白龙的四个子女见父亲变成了石山，不愿离开，就说："父亲，我们永远和你在一起，将这山加高加厚。"说完，也往地上一躺，一层层往上加高石山。如今，白腊山从南至北蜿蜒上百里，就像一条活灵活现的龙。最高的地方有三座参差不齐的山峰，人称大白腊、二白腊、三白腊，他们是白龙的三个儿子。白腊山脚下有一个清澈的龙潭，水从西流到东，滋润着L县坝子，她是白龙的女儿。

蜿蜒起伏的白腊山以及动人心弦的民间传说，与"世界最大的自然天成花园"相辅相成，共同构筑成一道完美无瑕的旅游景观，让游客在体会花海壮美之时能让思绪在神话世界里驰骋。

三　九龙河的传说

在L县古十景中"丝丝柔肠，九重挽渡"的"九挽渡"以其特有的柔美触动了诸多文人雅士的心旌。"九挽渡"描写的就是L县九龙镇的九龙桥。九龙桥附近，有一座香火旺盛的神庙——九龙庙，庙中供奉着黑龙九兄弟，这九条黑龙身后也有一段优美的神话故事。①

在曲靖、沾益附近的山上有一个彝族寨子，寨子的旁边有一股清流，水虽然不大，却是长流水。水流下山，就流进一个荷花塘。

---

① 2011年3月27日，笔者在L县九龙瀑布群风景区采访，在景区内出售土特产的74岁布依族老人LQJ为笔者讲述了九龙河的故事。

荷花塘里住着三条白龙、九条黑龙。开始时龙还小,荷花塘住着也不觉得拥挤,后来龙都长大了,荷花塘就显得非常局促。于是,争夺地盘的暗战在白龙与黑龙之间悄悄开始了。

一天,积怨已久的冲突终于爆发了,在玩耍中白龙老三的尾巴不小心刷到了黑龙老七的脸,于是小小的摩擦上升为一场混战。黑龙兄弟龙多势众,最终取得了胜利,白龙兄弟无奈地离开了荷花塘。离开了荷花塘,白龙兄弟只好去寻找新的家园。但是,到哪去呢?白龙老大说:"我们先向东飞,找不到合适的地方再向南飞。"于是,兄弟三人便向东飞去。

话说白龙兄弟虽然被赶走了,但是黑龙老大依然不放心,他担心白龙兄弟找到更好的住所,于是让体型较小的黑龙老九前去跟踪。幸运的白龙一直往东飞,不久就找到了安身的大海,但是,正当他们准备安家的时候,黑龙九兄弟追来了。看着碧蓝的大海,黑龙九兄弟反悔了,他们要和白龙一起居住。白龙兄弟哪肯轻易答应,但是又没有办法,于是白龙老大提出与黑龙兄弟打一个赌。白龙老大说:"荷花塘也好,汪洋大海也好,我们都是要住的,我查看了,汪洋大海虽然好,但是没有水源,住久了就会发臭;荷花塘有水源,但是没有出水口。不如你们兄弟九个,我们兄弟三个分别把荷花塘的水引过来,谁先引到,谁就住在大海里,输了的回荷花塘去住。"黑龙兄弟一听,高兴极了,于是双方就开始引水。

黑龙兄弟决定打洞过山,于是一门心思地打起洞来。白龙三兄弟选择开河道。按照白龙老大的指点,白龙们引水,哪里低就往哪里引,小半夜就开挖了几百里的河道。天亮的时候,白龙已经把水引到了海里,而黑龙九兄弟打的洞才打到师宗的冒水洞。黑龙九兄弟输了,却反悔了,他们不愿意回到荷花塘,于是潜入海底,各打一洞把海水放空了。

白龙兄弟刚刚高兴了一阵，醒来发现大海突然不见了，知道是黑龙九兄弟搞鬼，于是就找上门去算账，说："既然输了，为什么不回荷花塘？"黑龙九兄弟说："你们能住，我们也能住，我们就是不走，你们到哪里我们就跟到哪里。"说着，引着河水就往刚刚露出的海底上冲。白龙老大说："输了不认输，不服气，就从我胯下钻过去。"黑龙兄弟想要横了，说："钻就钻。"一头就冲过来。白龙老大慌了，往下一蹲，就变成了一座大山挡住去路。这座山就是后来的白腊山。黑龙兄弟又往白龙老二的胯下钻，白龙老二跳开一步，往下一蹲，就变成了马把山。白龙老三不等黑龙兄弟钻过来，就直接躺下，变成了绵延几十公里的石龙山，硬是把黑龙兄弟挡在海底之外。于是，黑龙兄弟始终没有能够跑到刚刚露出来的坝子上，只好化成一条河，同黄泥河汇合，流到三江口，这条河就是九龙河。九龙河虽然不长也不大，但是流经的地方没有"落洞"，人们开田引水种粮，L县成了鱼米之乡。九条黑龙因此得到人们的感恩。

在唐似亮主编的《L县景区景点传说》一书中，还记录了很多关于L县景区景点的故事。此书由钟情白腊山、柔情多依河、盛情鲁布革、豪情九龙河、激情永康桥五个部分构成，几乎囊括L县民间流传的所有神话传说。

在"钟情白腊山"中，该书记录了诸多与白腊山有关的神话故事，其中包括白腊山、太液湖、白腊晓寺、金鸡山、美女山、白腊公主等神话故事，这些故事彼此相连，以白腊山为中心，勾勒了一个神话的L县。"柔情多依河"则紧紧围绕多依河的起源，记录了宝地、祭神、三棵树、三江口、藤子桥、马蜂王、火烧龙洞、龙的信使等神话传说。"盛情鲁布革"则记载了流传于鲁布革附近村落的诸多神话，如翁西龙潭和盐水井、七子岩、羞死树、猴子人、神墨斗、牛恨树、夫妻树、龙开河、乃格沙农时树等故事。"豪情九龙河"则紧紧围绕九龙河流经的区域，记录了九龙河、黑牛山、荷花塘、铜鼓山、风流龙潭、白玉龙潭、鸭子龙、犀牛潭、马把山血战盔甲山、大海林、石将军、瓷碗洞等神话故事。"激情永康桥"则以L县一座历史悠久的桥为主线，记录了大量与之相关的神话传说，如石龙山、化香树、龙凤峡、永康桥等传说。

神话是历史的碎片，在看起来虚妄的神话背后常常隐藏着历史的真实。《L县景区景点传说》将散落于民间的神话故事进行了文本化的处理并出版发行，以神话传说的方式构筑了L县的"历史"。这种"历史"的构建使L县有了厚重的文化感，让导游在介绍景点的时候有了可以讲述的文本，让游客能够获得一个深埋在神话中的L县印象。

第二节 创作大型歌舞剧

从旅游目的地文化建构的角度来看，L县景区景点的民间传说存在两方面的缺憾：一是其中缺乏油菜花海的影子，这对于以花海景观为旅游标志物的L县旅游来说，无疑是一个巨大的缺憾；二是其民间传说虽然丰富多彩，但是大都较为简单且缺少美感，更不具备舞台展演效果，如果不进行升华和加工，难以担当起为自然景观注入文化之灵的功能。因此，L县启动了大型歌舞剧《太阳三姑娘》[①]创作工程，对民族民间文化进行重构。创作工程围绕三条主线展开：一是对景区景点传说进行以美化、柔化、舞台化为宗旨的整理和加工，使其更具感染力和吸引

---

① 《太阳三姑娘》的故事由何晓坤撰写，发表于L县内部刊物《多依河》2005年第1~2期上，后改编为歌舞剧等。

力;二是将重要的景区景点传说编织成为结构严谨、优美典雅的完整故事,使L县旅游圈置于弥漫着神性光辉的场域,增强地方文化的感染力;三是将"太阳三姑娘"作为油菜花海的化身,贯穿于故事始终,为满地金黄的油菜花找到了文化依托,创造出一个优美灿烂的故事。

一 柔情多依

《太阳三姑娘》以多依河的故事作为开篇,与质朴的民间传说相比,经过文学加工的"多依河"传说更加优美、更加感人,但又能找到古老传说的影子。在故事文本中,对多依河的传说表述如下。[①]

> 盘古开天地时,L县及周围许多地方都是烟波浩渺、无边无际的汪洋大海,既无禽兽,更无人烟。上帝造人之后,天地间渐渐有了生灵,L县也不例外,不知从什么时候开始,这片水域四周的荒原山峦上,有了人类的踪迹。然而,恶劣的环境使人们的生活苦不堪言。由于没有土地,人们只能和凶猛的禽兽竞食充饥。长此以往,兽骨如山,人骨遍野,其状惨不忍睹。若干世纪之后,天帝于心不忍,于是派东海白龙前往治水,还臣民以绿洲和土地,改变L县一带的生存环境。
>
> 白龙带领三个儿子和女儿多依决定潜入海中,打通地缝,让海水流干。随后,白龙和四个子女潜入水中,他们没日没夜地打洞,希望能够在水怪们发现之前将洞打通。经过三天三夜的努力,白龙和三个儿子终于打通了地洞,茫茫海水沿着地洞奔向地沟,地沟越冲越大,海平面渐渐往下沉,不一会工夫便有一些小山丘露出水面。但是,就在此时,水怪们发现了还在打洞的龙女多依,并残忍

---

① 笔者根据需要进行了适当缩减。

地将其杀害。

话说白龙前往 L 县治水之前曾经到太阳神宫请求太阳神的支援，但是，太阳神婉言拒绝了。太阳神的三女儿同情白龙，而且认为是造福于民的事，便趁太阳神喝醉之时，偷取玄光镜，带上自己的千草囊来到人间，帮助白龙战胜了 L 县海里的妖魔鬼怪。白龙女儿多依临终前希望自己能够变成一条美丽的河，让 L 县坝子的水顺着她打的洞，永远流淌在自己的身体里，并从此永绝水患。多依知道，太阳三姑娘有宝贝千草囊，于是求她在自己变成河流之后在两岸种上最美的树和草。太阳三姑娘答应了多依的请求。随后，龙女多依用尽最后的力气，腾身一跃，只见山崩地裂，轰然一声，一条跌宕起伏的河床展现在眼前，一股偌大的清流从多依刚刚躺下的地方喷涌而出，奔流而去，直到三江口，汇入南盘江。

太阳三姑娘被多依的大义和柔美深深感动。她流着眼泪，拿出千草囊，在河两岸栽上青翠欲滴的翠竹和高大挺拔的榕树，在四周种上各种奇花异草。刹那间，整个河谷翠竹蔽日，榕树参天，绿草茵茵，与清澈透亮的河水交相辉映。

人们为纪念多依的美德，为这条用生命换来的河流取名为多依河。

二 白腊与九龙

白腊山是 L 县人心目中的神山，"白腊老爷"在 L 县人心中地位甚为崇高。九龙河为 L 县人带来充沛的水源和富足的鱼米，是 L 县人的母亲河。在《太阳三姑娘》中，白腊山与九龙河的故事紧密联系在一起，被编织成了有关 L 县平坝的创始史诗。

白龙知道黑龙九兄弟不可能就此罢休，却又不知道他们究竟要搞什么鬼，不知如何是好。三姑娘早已猜透白龙心思，便轻轻跃上云端，查看黑龙究竟在什么地方。这一看把三姑娘吓了一跳，原来黑龙九兄弟跑到了紧邻L县的平彝喜旧溪，正在开山劈岭，看样子是要把喜旧溪的水引到L县来，重新淹没L县坝子。三姑娘赶紧跳下云头，说了黑龙的企图。白龙不知所措，要阻止，必然免不了一场恶战，况且黑龙龙多势众，胜败实难预料，更为重要的是，白龙与黑龙毕竟是同宗兄弟，白龙实在不想动手。但是，如果不阻止，势必前功尽弃，L县百姓又要遭殃。正在白龙左右为难之际，三姑娘开口道："白龙叔叔，我看这事不如你上天庭一趟，向天帝如实禀报所发生的一切，请天帝裁决。"白龙一听这主意不错，决定依计而行。三姑娘又道："白龙叔叔，你们放心回天庭复命，我留在这里，一方面留意黑龙行动，另一方面我也想四处走走，看看百姓的生活究竟怎样。"白龙道："三公主，我看你还是回太阳宫吧，逗留久了万一出事，老龙就罪不可赦了。"三姑娘道："白龙叔叔放心，仙界方一日，世间三千年，我还可以再待一些日子，再说黑龙正在捣乱，我走了也不放心，只是你在天帝面前千万别提起我。"白龙道："这个自然。"和三姑娘道别后，白龙便与三个儿子匆匆赶往天庭去了。白龙走后，三姑娘一时也不知道做什么好，料想黑龙兄弟也不可能在短时间内劈出数百里的河道，于是便在坝子四周山头信步走动……

离开众人，三姑娘踩着云朵，来到高空，见黑龙九兄弟已将喜旧溪的河水引到L县西面山边，正在劈山开道，朝前引来。三姑娘见此情景，不知如何是好，杀，黑龙九兄弟罪不当诛，且又碍着白龙情面；不杀，河道劈开，一切前功尽弃。正当三姑娘为难之际，白龙父子赶到了。原来白龙父子到天庭，向天帝禀明了情况，天帝说："白龙黑龙都是龙，同祖同宗，不能自相残杀。他引水，你就堵。这样吧，L县老百姓的安宁还要靠你，我封你为安边景帝，永远留在那个地方，庇佑一方百姓。"白龙谢恩告退，回到下界，见L县一夜之间变成了仙界，知是三姑娘所为，赞叹不已。

三姑娘和白龙父子来到黑龙兄弟前，黑龙兄弟停止开凿，对三姑娘和白龙父子虎视眈眈。三姑娘温和地说道："黑龙九兄弟，你们不要再开凿了，排水解患是天帝之命。现在天帝又封白龙做了安边景帝，护佑L县，你们违抗天命是要遭惩罚的。"黑龙老大知道太阳三姑娘有玄光镜，不敢硬来，只是狠狠地说："我不管什么安边景帝，大不了就是一死，反正我们九兄弟东海也回不了，好不容易才找到的栖身之地也被你们毁了，你叫我们怎么办？"白龙道："堂弟，我不是有意的，再说你们也要为这里的百姓想想，为这水患，百姓受了多少苦！"黑龙道："我们没有你们那么高尚，我是泥菩萨过河自身难保，哪管得了别人的事。"白龙道："堂弟，你到空中看看，三姑娘已经把L县变成了人间仙境，你就忍心把它毁掉？"黑龙老二道："大哥别跟他啰唆，横竖都是一死，怕什么？"说完又要开凿。白龙耐心地劝道："堂弟，你们要吸取叔叔的教训，多做点善事，别开了！"黑龙九兄弟见白龙提起惨死的父亲，顿时火冒三丈，齐声怒嚎，黑龙老大吼道："挖！使劲挖，看你能把我们怎么样？"说完便和其他兄弟一起用力开挖。眼看河道就要挖通，白龙仰天长啸一声："也罢，也罢，堂弟，我只好舍弃这条老命，变成大石山挡住你们了，你们好自为之吧！"说完就地一滚，瞬间变成一座绵延百里、高耸入云的巨大石山。白龙的三个儿子见父亲变成了石山，伤心不已，但谁也不愿离开父亲，齐声道："父亲，我们永远和你在一起，将这山加高加厚，让他们永远也别想打通。"说完三兄弟纵身一跳，变成了父亲身上的三座大山头。后人为感白龙恩德，为这山取名为白腊山，称白龙为白龙老爷，并在山腰建盖庙宇，供奉灵位，以感泽世之恩。山顶不齐的三座山峰，分别叫大白腊、二白腊、三白腊，他们是白龙的三个儿子。

　　黑龙九兄弟见白龙父子忽然间就变成了一座巨大的石山拦在面前，颓然坐在地上，他们知道如此坚硬高硕的石山，就是再来一万条龙也难以打通。再者毕竟是同祖同宗，见堂兄父子为拦河道舍命变成石山，也难免黯然伤神。三姑娘见此，知道黑龙九兄弟并非冥顽不化之物，灵魂深处善念尚存，于是开口道："黑龙九兄弟，你们可知道白龙父子的心思啊？"见黑龙兄弟低头不语，三姑娘又道："人人都有做错事的时候，你们不能自暴自弃，应该以此为训，悔过自新，改恶从善，重新做人，多做一些造福百姓的事，不要留下永远的骂名。"黑龙老大道："三公主，我们钦佩你的为人，但我们现在这个样子已经没有机会了，也罢，大不了一死了之。"三姑娘道："有！如果你们肯听我的，我可以给你们指条出路。"黑龙老大道："我们听你的，你说怎么办？"三姑娘道："我昨天走遍了这里的山山水水，发现东北部地带石质柔弱。你们既然已经把喜旧溪的水引到了这里，何不乘机往下开凿，然后在石质松软的地方挖几个龙潭，这样既可以容身，又能泽福百姓，岂不是两全其美之事？"黑龙老大道："好是好，但是这水我们要引到哪里去？总不至于引到南海去吧，那样岂不是要把我们兄弟累死？"三姑娘道："不用，东边不远的地方有条河叫黄泥河，距此不过几十里，你们一直开凿下去，将水引到黄泥河里不就行了！"黑龙老大恍然大悟，拍拍脑袋说："是啊，我怎么这么笨啊，那条河我也认得，谢谢三公主，我们就照你说的办。"

　　黑龙兄弟听从了三姑娘的劝告，齐心协力向东开凿而去，并在下游地段挖了几个很大的深潭供自己居住，最后成功将河水引到黄泥河里。从此以后，这条从平彝喜旧溪流来的河到了L县境内就被人们称为九龙河,黑龙九兄弟居住的深潭就是今天的碧日潭、月牙湖等。从此以后,黑龙九兄弟再未祸害人间,而是像堂兄白腊老爷那样,尽心竭力地庇护着沿岸的老百姓。正是有了黑龙九兄弟的护佑,九龙河从古至今从未闹过水患,而是泽福万民,真正成为L县人的母亲河。

三 花海的身世

《太阳三姑娘》将油菜花的起源编织成人神相恋的爱情悲剧,通过一望无垠的油菜花海与动人心弦的爱情故事的完美嫁接,为花海赋予历史的厚度和人文的灵魂。

三姑娘心情舒畅,蹦蹦跳跳朝白腊山走去。走到L县坝子,三姑娘吃惊地发现,L县坝子空空如也,只是一片广阔无边的红土地,土地上什么也没有。三姑娘惊疑不已,回到殿宇,问白龙道:"白龙叔叔,L县坝子里怎么什么都没有种?"白龙叹道:"三公主,你有所不知,L县坝子土质肥沃,但因当年我为阻挡黑龙九兄弟开河淹坝,变成这座高耸入云的白腊山,这样虽然成功阻止了黑龙,却因山势太高,挡住了天空大气的流动,因此L县坝子每到冬天就阴雨绵绵,雾气弥漫,什么庄稼也种不出来,老百姓试了好多年都没有什么收成,只好闲置不种了。"三姑娘惊叫道:"那大家岂不是又要饿饭了!"白龙笑道:"三姑娘莫惊,L县坝子只是冬季气候如此,其余三季,晴空万里,阳光充足,雨量充沛,种什么都大获丰收。"三姑娘听罢才长长地舒了一口气。白龙顿了顿,突然说道:"三公主,你看我老糊涂了,说起这个,我原来还老想要请教你,如今见面反而忘记了。你不是有个宝贝叫千草囊吗?看看有没有什么植物适合种的。"三姑娘沉思片刻道:"白龙叔叔,恐怕不行,我的千草囊有的只是花啊、草啊、树啊什么的，恰恰没有粮食作物，你看怎么办？"白龙叹道："实在不行，也只有作罢，反正老百姓几千年来也就这样过来了，只是每每想起这是老龙的过错，心里便委实不安！"三姑娘安慰道："白龙叔叔莫多想了，这怎么能怪你，再说了，如果不是你，又怎么会有这片人间宝地，百姓感谢你还来不及呢！"

在文化建构的过程中，《太阳三姑娘》的创作者将 L 县的自然生态环境也神话化了，这为油菜花与 L 县之间建立了一种必然的联系，进而为山水草木赋予生命和情感。接下来，作者安排了太阳三公主的命运，也安排了油菜花在 L 县山川平坝的绚丽登场。

夜里，三姑娘躺在床上，一直被这件事所困扰，心想：这么大的一片肥田沃土放着闲置，真是罪过，我一定得想办法，为老百姓解决这一难题，如果这个问题解决了，那将为百姓带来多少福音啊！但怎么才能想出法子呢？三姑娘挖空心思，还是不得要领。哦！对了，找黑龙去，黑龙走南闯北，见多识广，看看有没有什么办法，再说，毕竟是老熟人了，也应该去看看。主意打定，三姑娘慢慢进入了梦乡。

在《太阳三姑娘》中，作者借黑龙之口，引出 L 县只能种植油菜的缘由，也将故事不断引向高潮。

三姑娘问黑龙道："L 县坝子冬天种不出粮食，你可知道这件事？"黑龙道："回三公主，老龙知道，这是因为堂兄所变的白腊山太高，挡住了气流，造成 L 县冬天阴雨绵绵，雾气弥漫，从而种不出庄稼。唉！这都怪老龙九兄弟当年糊涂啊！害得堂兄父子变成了石山，让老百姓损失了整整一季庄稼。"三姑娘道："事情已经过去了，你也不要太自责。我是想问你，你走南闯北，见多识广，可知有什么办法可以弥补？"……黑龙道："三公主，也不是没有办法找到适宜雨雾的植物。只是要造就这种植物只有你才能办得到。"三姑娘道："你快说我怎么才能造就这种植物？"黑龙道："三公主，你想啊，在世间赤橙黄绿青蓝紫这七种颜色中，你掌管了所有的黄色，这种颜色色质中性，既不过分耀眼，也不显暗淡，只有这种颜色才适宜在雨雾中生存、在雨雾中成长，雨雾中的黄色光鲜圆润，色泽鲜明，不仅未损失鲜亮本质，反而增添柔和气度，这种颜色只要融进掌管它的主人的血液，就会变成一种新的植物——油菜。它生长的果实叫油菜籽，这种果实榨出的油，油质清澈，味香纯正，可代替动物油，做烹饪之用；它开的花叫油菜花，这种极富人性、灵性和爱心的花花期极长，是蜜蜂酿蜜精品，它所酿出的蜜，营养丰富，可治百病，更可调节人的身体功能，延长人的寿命。只是这种颜色一旦融入你的血液，你的血液也就会被它吸干，你的生命也就结束了，以后就只有黄色和黄色的花昭示着你生命的存在，至于具体的人则不复存在了。"三姑娘听得目瞪口呆，半天回不过神来。

作者笔下的太阳三姑娘离开九龙河之后，心中充满了矛盾之情。她一方面想为L县百姓献身，另一方面又不甘心撇下父亲、姐妹和自己心爱的凡人——石龙。故事中的太阳三姑娘因为私自下界和坠入人神之爱而受到了来自天界的惩罚，于是她终于化成了满地金黄，浸染了L县荒芜的冬天。

就在两人哭得伤心不已之时，天空中突然传来一阵幽深恐怖的声音："三姑娘，你两次私自下界已被天帝知晓，速速跟我回天庭领罪！"三姑娘一听声音就知道是太白金星来了，慌忙起身飞出屋去，见太白金星带着一队天兵天将驻足空中，三姑娘怕伤害到石龙母子，忙驾着云头，升上高空，对太白金星道："伯父，看在你和我父亲的交情上，你就成全我吧！我不想回去了，只想在人间做个凡人。"太白金星道："休提你父亲，这事他也脱不了干系，还有安边景帝，他们都将以包庇纵容罪论处，等会儿你父亲要到了，你看看他的可怜样吧。"

在《太阳三姑娘》中，作者将太阳神的三女儿塑造成了一个疾恶如仇、敢爱敢恨的烈女形象。此次，她自然不肯乖乖随太白金星回到天庭，哪怕最后太阳神赶来也未能劝动。于是，唇枪舌剑在太阳三姑娘和太白金星之间爆发了，激烈的冲突将故事推向了高潮。

太白金星道："你们倒挺仗义的。告诉你们，你们一个也脱不了干系，安边景帝包庇纵容，三姑娘私自下界，两人带回天庭由天帝发落。石龙勾引仙女，其罪当诛，就地正法。天将听令，将石龙推出去斩了。"三姑娘急呼："不要！"但无奈身被擒住，动弹不得。只见天将手起刀落，石龙顷刻间便命丧黄泉。

三姑娘哭道："石龙哥！"顿时昏厥过去。半天醒来，悲伤地说："也罢，也罢，石龙哥，三姑娘会永远陪伴着你的。"转而对太白金星道："太白老贼，你听着，这事跟白龙叔叔没有一点关系，如果你真的把他抓回天庭，三姑娘就是变成厉鬼，也要让你不得安宁。"继而又对太阳神说："爹爹，女儿对不起你，今后只有鲜黄的颜色和花朵代女儿陪伴爹爹了。"太阳神惊呼："女儿，别做傻事！"但已经来不及了，只见三姑娘奋力挣脱天将之手，拔出天将腰间之剑，朝自己的心窝猛然刺去，叫道："所有黄色全来融入我血液！"话音刚落，太阳三姑娘瞬息不见，天空中顿时黄花飞舞，漫天弥漫，无边无际。顷刻，光秃秃的L县境内霎时便金黄无边，灿烂的油菜花铺天盖地地开放着、摇曳着，山坡上、平坝里、树丛中、小河畔，没有一块地不被这黄色覆盖和淹没。

第三节　神话的传播

文本意义上的创作不能等同于文化建构。笔者认为，旅游目的地文化建构至少应包括两个部分：一是对文化资源的整理、发掘及生产；二是对文化内涵的弘扬和传播。此二者是文化建构的双翼，唯有相辅相成且强而有力，旅游目的地的文化内涵才能不断提升，并因此增添色彩、产出效益。L县一直重视旅游目的地文化建构和传播工作，从初期通过报刊零碎发布有关景区景点传说的文章到后来系统收集整理景区景点传说并写入导游词和旅游推介材料，无不是旅游目的地文化传播的具体实践。《太阳三姑娘》创造完成之后，首先在L县文联主办的内部刊物发表，并在文艺圈产生良好反响。来自社会各界的好评其实就是对《太阳三姑娘》文本的民意测评。随后，L县通过一系列举措推动这一文本及其文化内涵的传播，并以此重塑L县民族民间文化，为旅游目的地建设撒播神性的光辉。

一　大型舞台剧

21世纪初期，通过歌舞表演塑造和推介旅游目的地在云南甚为流行，成功的有《云南印象》《丽水金沙》《蝴蝶之梦》《香格里拉》《勐巴拉娜西》《太阳女》等，几乎每一个州市都有一部大型歌舞表演。在这样的氛围下，L县也希望通过打造大型歌舞剧《太阳三姑娘》来塑造和推介旅游目的地形象，并于2006年将该剧搬上舞台进行展演。据L县文化局相关人员介绍，《太阳三姑娘》从5月下旬开始演出，一直持续到6月上旬。

《太阳三姑娘》连续演出了30余场，从政府公职人员到学生再到普通老百姓和游客，十余万人观看了这一盛大的歌舞表演。随着歌舞剧的表演，深入人心的还有其携带的文化内涵，于是"太阳三姑娘"的故事也渐渐根植在人们的心中，作者创造的"神话"成为众人心中的"远古传说"。然而，正如除了《云南印象》《丽水金沙》等少数几部大型歌舞之外，云南各地的原生态大型歌舞并没有引起轰动一样，《太阳三姑娘》的影响力也是有限的。经历了一个月的"疯狂"后，《太阳三姑娘》停止了展演。根据相关人士介绍，之所以不再演出主要是由于经费压力。因为《太阳三姑娘》演出需要演员100多名，专门给"三姑娘"演员换装就需要4~5人才能忙得过来，而L县本地并没有那么多的演员，需要从外地借，开销过大。但笔者认为，之所以停止演出更重要的原因是，地方政府认为，在强大的舞台影响力下，《太阳三姑娘》所要传达的文化信息已经深入人心，油菜花已经有了辉煌的前世和今生，演出可以停止了。

当然，《太阳三姑娘》并非走下舞台就结束使命，在现代技术的作用下，舞台上的表演被原模原样地拷贝下来，作为旅游商品被游客带走。没有人追问神话的真实性，人们只是快乐地接受这些神话，而且毫不怀疑那就是自古以来L县山水之间勤劳质朴的布依人民代代相传的地方文化。

二　菜花节的舞台

自"国际油菜花文化旅游节"举办以来，L县就塑造了菜花仙子形象，为金色花海赋予神性光华。《太阳三姑娘》创作的灵感或许正来自菜花仙子的绰约风姿。在"国际油菜花文化旅游节"的开幕式上，菜花仙子几乎从未缺席，而最为壮观的是盛大的"祀花祈年"活动。在这一活动中,"菜花仙子"的扮演者在数十名刀斧手、过山号手、旗手以及陪侍人员的陪伴下巡查田野,场面蔚为壮观。油菜花旅游节开幕式已经成为 L 县重要的节日之一,而这一节日中的主角——菜花仙子以及其蕴含的文化符号亦深深地印入游客及当地人的观念中。除了在国际油菜花文化旅游节开幕式上突出菜花仙子之外,L 县还在县城中心公园——太液湖公园建设了菜花仙子的雕像。到公园休闲的人们时刻都能看到菜花仙子的婀娜身姿,自然也会想起其所喻指的神话传说。

三 名人咏唱

在文化传播中,假借名人的影响力是惯用的和极为有效的方法,L 县将这种理念引入旅游目的地文化建构实践中,并取得了明显的效果。以塑造菜花仙子——太阳三姑娘这一文化符号为目标,L 县还创作了名为《太阳的三姑娘》的歌曲,并请著名歌唱家万山红演唱,将菜花仙子的神话传入千家万户。歌词中咏唱的油菜花传奇比剧本中描述的油菜花传奇轻松和谐,亦深入人心。

> 太阳有赤橙黄绿青蓝紫七个女儿,其中第三个姑娘一身金黄。太阳三姑娘能歌善舞,她的歌声像鸟儿的鸣叫一样婉转,她的舞姿像鸟儿飞翔一样轻盈。有一天,她不小心把一杯金酒打翻,那金酒飘飘荡荡,飞飞扬扬,落到了人间一个叫 L 县的地方。金酒变成了无边的金海,金海荡起了菜花的波浪,菜籽变成了香香的菜油,菜花酿出了甜甜的蜜糖。人间甜美的歌声飞进了太阳,三姑娘闻见了油菜的花香,有一天她轻轻的把彩云拨开往下看。三姑娘思念人间美丽便悄悄下凡,变成了人间一个叫布依的姑娘。布依走进了无边的金海,荡起了菜花的波浪,花儿留住了远方的客人,花歌唱红了早起的太阳。

在田野工作中，谈到油菜花的传说，更多人讲述的是歌词中所唱的。传说虽然有别，但是精神相通——满地金黄的油菜花富有神性，历史悠久，不仅仅是物，更是文化。这就是文化创造的本意。

第四节　小结

通过文化建构，L县被塑造成为一个传说无处不在、文化深厚悠远的旅游目的地。对于从现代生活的"铁笼"里逃离出来的都市人来说，神话是很具吸引力的。长期在L县担任导游工作的李小姐在接受访谈时告诉笔者："每当我讲到关于油菜花的传说的时候，游客们总是听得很认真，有的人还陷入沉思，仿佛从现实中穿越到了神话时代。"事实上，在旅游目的地文化建构的过程中，导游发挥了非常重要的作用，他们把文化符号装进了游客的脑海，游客则将其带到远方，吸引更多游客前来寻找洒落在油菜花丛中的悠远神话。

第五章　花期之围：L县旅游的围困与解困

"国际油菜花文化旅游节"的成功举办极大地推动了L县旅游业的发展，但也造成了旅游业过度倚重油菜花海的局面。花期总是有限的，当繁花落尽，L县旅游必然面临萧条景象，从而形成鲜明的季节性特征，并由此形成诸多不利于旅游目的地长远发展的因素。因此，从花期之围中突围，推动旅游业可持续发展是L县旅游目的地建构的重要任务之一。

第一节　金色困局

透视L县旅游发展状态，其因过度倚重油菜花海景观，而花海景观具有很强的季节性，从而引发的非正面影响的确不少，而这些非正面影响又直接影响旅游体验，进而影响旅游目的地建设。

一　百万游客赶花期

虽然"国际油菜花文化旅游节"一般都持续几个月，但油菜花旅游的旺盛期一般会集中在一个月内，也就是说在短短一个月的时间内L县要接待全年游客量的一半左右，造成景区拥挤不堪。关于"国际油菜花文化旅游节"期间L县景区景点的拥挤情况，云南作家于坚有一段形象的描述：

远远的，我看见那边停满了汽车，彩旗飞扬，感觉我们不是驶向美丽的河流，而是驶向一个正在大减价的超级市场，而不是多依河，但是汽车就在那里停下来了。我看见了多依河，碧绿色的水，一层一层从河床上淌下去，翻出些小小的瀑布，无数的人在两岸行走，像是大部队要抢渡……如此热闹地玩一条河流，我是第一次经历。中国人已经习惯了"五一"游行式的热闹，我习惯广场的热闹，但一条河流这么热闹我还是第一次遇到……后来我们穿过被节日弄得飘飘然起来的油菜花地，昔日人们一向都很少注意它，它不是一向被诗歌宠爱的梅花，不过是未来的一桶桶香油而已。现在，大批的照片、赞美诗和赏花游春的群众簇拥着它，无数的蜜蜂也参加了它的节日。远远看去只是一片单调的黄色大地，其间有无数的蜜蜂、蝴蝶和各类昆虫在爬来飞去，似乎那是它们共同努力编织着的一张大地毯。①

不单是多依河，在油菜花盛开的时节，L县的所有景区景点都人满为患，游客甚至很难找到一张安睡的床、一块摆放相机的机位。于是，L县竭力打造的浪漫、温馨、清静的旅游目的地形象在嘈杂而拥挤的旅游实践中遭到了破坏。金鸡峰丛是油菜花观光最为理想的地点之一，位于花海中的金鸡山是摄影爱好者争夺的拍摄点。油菜花盛开的季节，金鸡峰丛的热闹与拥挤在一位游客的旅游日志中体现得淋漓尽致。

一大早就被公路上嘈杂的说话声音吵醒了，一看时间，才4点钟。是什么人呀，我连忙钻出帐外一看，原来是摄友们正往金鸡岭方向赶路，岭上的盘山路上星星点点的头灯忽闪忽闪地向上延伸着，这些人也太性急了点吧。我又钻进睡袋，想再睡会儿。可外面

---

① 于坚：《多依河水车》，《青年文学》2003年第1期。

的说笑声几乎没停过,哪里睡得着哦。干脆起来,问了问本营的人有没有要去的,见没回音,索性一个人上路,背着器材,开着头灯,原本怕黑的我也不知哪来的勇气,在这漆黑的夜里,沿着蜿蜒的石阶向岭上摸去。

……10 来分钟后,我终于到了观景台,可这里早已经人满为患了,根本不可能找到机位。我忽然想起昨天下午上来时,抓拍到一个摄友在悬崖外的一块岩石上采风的镜头,那位置不错,赶紧向那方向摸去,借着头灯的光亮,我终于看到了那块伸出峭壁的岩石,还好,上面没人,此时此刻,早已忘了我有"恐高症",几分钟后,终于爬上去了,手上也被划了好几道口子,石面上也布满了锋利的棱角,几乎没有落座的地方,风很大,根本不能站立,好在还戴着一顶帆布帽子,垫在下面,坐起也相对舒服点。好不容易安顿下来,环顾四周,因为三面凌空,两边黑乎乎的,只有前面坡下公路上川流的车灯告诉我是在山上,头顶上一弯新月还挂在半天呢。好冷,我裹了裹衣服,掏出手机一看,还不到 6 点,日出还早着呢。索性编起短信来,把我此时的感受通过网络发给心爱的老婆,让她给我也分担一份寂寞。过了约半小时,后面传来说话声,是几个摄友也找到这位置,可惜我已占先机,他们在羡慕的同时,只好在我后面峭壁边支起了脚架。随着时间一分一秒地过去,天边也由鱼肚白慢慢地变得红起来,摄友们都紧张地站在相机后面,期待着这激动人心的时刻。天已经大亮,可太阳就是不露头,人群里开始骚动起来,经验告诉我,太阳应该要出来了,果然,在大家的惊呼声中,太阳慢慢露出了尊容,仅仅几秒钟,一轮红日便挣脱地心引力喷薄而出,这期间,我的手几乎没停过,不断用多种曝光模式按下快门,以免错过这绝美的瞬间。再看山脚下的花海,阳光早已经洒满每个角落,给这片金色的海洋平添了几分绚烂和辉煌,花海中错落有致的"小岛"更是为这片土地增添了几分神韵。看看时间,快8点半了,9点钟就得整装赶路,我有些恋恋不舍地爬下岩石,回头给那些正聚精会神创作的摄友们拍了张集体工作照后就往山下跑去。①

九龙瀑布群是国家4A级旅游区,有"中国最美的瀑布""中国最令人向往的旅游目的地"等称号,特别是在油菜花盛开的季节,九龙瀑布群与油菜花相互映衬,是远方游客必到的景点之一。每到油菜花盛开的季节,九龙瀑布群也必然迎来旅游高峰,进而带来很大的旅游接待压力。关于压力,风景区的工作人员深有体会。在采访中,他们为笔者描述了那严峻的情形。

  油菜花开放的季节,特别是春节以后L县各景区都会迎来旅游的高峰期,各个景区都人满为患,几乎所有景点都人山人海。在旅游旺季,最大的压力来自食宿方面,因为景区平时客源不旺,不可能建太多宾馆酒店。我们经常遇到游客找不到地方住、找不到地方吃的情况。作为景区管理人员,我们除了想尽办法为游客解决之外,还经常让管理人员两个人挤一张床,把床腾出来给游客,同时也安排食堂煮面条为游客解决用餐问题。有些时候,游客实在没有地方睡觉,就直接睡在车上,景区就想办法为他们提供点毛毯之类的御寒物品。

在L县东大门酒店,酒店老板也为笔者讲述了油菜花盛开的时候,游客找酒店的盛况。他说:

  旅游开发以来,L县采取国家、集体、个人一起上的模式,多

---

① 引自网络,http://np.zgjrw.com/NewsInfo-8185.html。

方面筹集资金，新建宾馆饭店 30 余家，此外，还有许多个体户开办了大量招待所，根据有关部门统计，县城接待总床位已达到 13000 余张。但是，每到旅游旺季，还是难以满足游客的需求。很多散客根本找不到住宿的地方。结伴而来的游客通常是带着对讲机到处找旅馆住宿。大量的游客还会把 L 县的客房的价格炒得很高，平时 100 多元一间的客房，在旅游旺季动辄上千元，而且经常是一床难求。当然，市场经济，房价高也是正常的，而且几乎所有宾馆都指望着能够在短短 1 个多月的客源高峰期多挣点钱，因为对 L 县多数酒店而言，除去油菜花盛开的季节，生意是非常清淡的，只能维持基本的生存需要。

游客缘何要在短短的 1~2 个月内涌向 L 县呢？理由十分简单，那是因为前往这里的游客几乎都是冲着世界最大的自然天成花园——油菜花海而来的，错过了季节，自然难以收获希望获得的旅游体验。在田野工作中，笔者在多家酒店对住店游客进行了访问，其中的一个问题就是：L 县最吸引您的旅游景观是什么？对这一问题的回答，100% 的人选择了油菜花海。因此，到 L 县旅游的游客必须在油菜花盛开的大约一个月的时间内前往，百万游客赶花潮的现实也就由此形成。很显然，L 县不可能按照油菜花盛开时的游客量来准备相应的旅游接待能力，如果这样，待油菜花凋零，大地沉寂，L 县将出现旅游接待能力大量闲置的状态，从而形成浪费或者是大量旅游投资无法收回的情况。

油菜花盛开，花海浪漫的时节，自然是 L 县最美的时光，但是过度拥挤的游客使美受到损害。首先，太多的人拥挤在油菜花田里、拥挤在景区，必然会影响游客的旅游体验，那些只有在安静闲适的氛围中才能体会的美，会被滚滚人流带来的嘈杂所遮蔽。于是，游客乘兴而来，并不一定能够尽兴而归。2011 年油菜花旅游节期间，笔者曾先后到金鸡峰丛、多依河、九龙瀑布群景区采访了十余位游客，请他们谈在 L 县旅游的感受。接受笔者访问的游客虽然普遍认为 L 县风景优美独特，但都对拥挤的人流以及由此带来的住宿难、吃饭难深感嫌恶，并表示几乎没有可能再来第二次。在回答笔者询问："你是否会向你的朋友推荐 L 县游时？"15 名受访者中有 12 名认为不会轻易建议朋友到 L 县旅游；另外 3 名虽然认为值得推荐朋友前来体验，但是一定会同时将自己的经验告诉他们。其次，由于游客过量，油菜花旅游节期间 L 县的住宿、饮食以及其他旅游服务的价格会上涨，从而加重了游客的负担，同时也影响旅游目的地形象。

最美丽的花也是要凋零的，哪怕是绵延数十万亩的花海，当春天流逝的时候，都要化为沉甸甸的果实。油菜花当然也是这样，它在以金色花海的妩媚给予人们美好体验的同时，还要承担起作为传统农作物的民生大计。这是大自然赋予油菜花的使命，而在以油菜花海为旅游标志物的 L 县，这也是旅游业难以突破的困局——油菜花总要凋零，繁华仅有月余。

二 行色匆匆的游客

到 2011 年，L 县已经连续举办了 13 届"国际油菜花文化旅游节"。节庆活动以风景这边独好、春天的邀请、新世纪的春天、布依之春、美丽属于世界、大地流金、金色花海、圣地之爱、东方花园等主题展开。这些主题反映出，L 县力图建构一个温馨浪漫的旅游目的地。但是，在油菜花盛开的 L 县，你看到的更多的是行色匆匆的游客，这与 L 县着力打造的旅游目的地形象形成了比较强烈的反差。作为"世界最大的自然天成花园"，L 县是一个需要舒心漫游的地方，这里的花海、这里的故事、这里的民歌、这里的风情，都必须放慢脚步才能体味最为纯粹的美。让游客放慢脚步的唯一办法，就是让他们有更多的景点可以驻足，有更多的旅游项目可以体验，而这正是 L 县旅游需要努力的方向。根据笔者参与观察和旅游服务者的介绍，由旅行社组织的旅游团队在 L 县旅游的行程大概如下：

> 第一天，早上从昆明乘车至 L 县，沿途欣赏云贵高原独特的滇东春色，下午观赏秀丽湾子湖及美丽的田园风光——万里花海和油菜花旅游节主会场、游览国家 4A 级景区——潇洒飘逸的九龙瀑布群，晚餐品尝滇东风味。第二天，早餐后，畅游喀斯特奇观——金鸡峰丛，乘船游雄、奇、险、峻的鲁布革三峡（雄狮峡、滴灵峡、双象峡），水电站大坝，中餐后参观地下水电厂，游风景秀丽、婀娜多姿的多依河景区，体验古朴浓郁的布依民族风情，参观世界水车博览园，观一目十滩、雷公滩。第三天，早餐后，L 县县城观光、农贸市场自由购物，乘车返昆明，途经陆良彩色沙林（自费游览），抵昆明，回到温暖的家，结束愉快行程。

以参与观察游客在 L 县的旅游体验为目的，笔者曾经于 2011 年参加了由云南省国际旅行社组织的三天两夜游，并记录了旅游体验。

> 2 月 21 日上午 9 点，一辆中巴车载着参加 L 县三天两夜游的 15 名游客向景区奔驰而去。导游很负责，不断地为游客讲各种奇闻逸事，车厢里的气氛马上被调动起来。在歌声与笑声里，油菜花慢慢跃入眼帘，汽车开始进入 L 县地界。油菜花越来越多，多到漫山遍野的地步，L 县油菜花海主景区到了。车上的游客不停地欢呼，并忍不住几次要求驾驶员停下车来拍照。我想，到 L 县旅游的游客，是从进入 L 县地界，融入万亩花海就开始进入旅游体验了。如果用著名旅游人类学家格雷本有关旅游体验的理论来分析的话，从进入 L 县开始，游客便已经完成了从世俗的工作到神圣的旅游的

转变，进入一种近似朝圣的超然的精神状态。从游客的惊叫声、欢笑声中，我似乎已经领悟到格雷本关于旅游神圣性的微妙体察，这真是一种奇妙的状态——只有在旅游中，才能如此肆无忌惮地欢笑和惊叫，如果在办公室、在大都市，这样的放肆必然会迎来异样的目光。在L县的万亩金黄中，在涌动的金色潮水中，人们的血液仿佛都沸腾起来，不论你怎样"疯癫"，都不会被当作"异端"，而且很有可能会引来不少效仿者。汽车继续向L县县城行驶，油菜花越来越多。坝区的油菜花比山区开得更浓，呈现一种不一样的美，没有太多的起伏，更似霞光中平静的金海。

午餐安排在县城的一家餐馆，吃的是L县风味食物，团里多数人认为口味一般。午餐之后，车子直接开到了县城附近的湾子湖。湾子湖，实际上是一个不大的水库，远处有青山做伴，四围有金花环抱，是一幅绝妙的山水画。在L县的旅游宣传品中，对湾子湖是这样描述的："这些晶莹纯净的花中液体，动的是九龙河，静的叫湾子湖，它和玉带湖、腊山湖、多依河等一样，是高悬在L县人上空的一面镜子，是飘扬在L县人门前的绶带，更是打开L县神秘风光的钥匙。"[1] 在湾子湖游览的时间是半个小时，其间游客唯一的乐趣就是变换各种姿势在花丛中拍照，然后沿着湖边的小路走一走。半个小时过去了，大家返回车上，开始奔向新的景点。

旅行社安排的下一个景点是游览美丽的田园风光——万里花海。美其名曰游览，其实就是坐在车上在田间穿行。经历了路上的激动，欣赏了湾子湖的花色水颜，游客对花的兴趣似乎减弱了很多，欢呼声少了，惊叫声也少了，汽车在油菜花旅游节主会场停了下来。游客还是继续在湾子湖的举动，变化着姿势照相，活动的时

---

[1] 尹欣、杨黎晖、范希胜编《L县》，云南科技出版社，2001。

间照例是半个小时，时间到了导游招呼大家上车，然后奔向下一个景点，国家 4A 级景区——九龙瀑布群。

九龙瀑布群距离县城大约 20 公里，行车半个多小时就到达景区。花季的九龙河河水清澈，比雨季时少了一份壮丽，但多了一份柔美。清瘦的瀑布、轻柔的河水与河流两边形态各异的花田相映成趣，静静的油菜花与灵动的水流形成一道特别的风景。拥挤的人流则破坏了流水和鲜花编制的恬静意境，呈现一种很不协调的景象，游客的兴致被削弱了很多：在一个比较好的照相地点，往往需要排上长长的队才能照上一张相片；在并不宽敞的游路上拥挤着行走，很难看到优美怡人的自然风光；想要坐索道上到观景台也要排长队；想要骑马，要价高得有些吓人……游客中有些人开始抱怨。在九龙河的观光，就是沿着游路走一圈，如果想上到山顶的观景台要么需要有足够的时间和精力，要么需要多花钱，骑马、坐轿，或者是坐索道上去。此外，景区内有各种特色小吃和工艺品可买，但是像急行军一样的游客队伍似乎并没有停下来欣赏和购买的兴致，我所在的旅行团几乎没有人停下来。在九龙瀑布群停留的时间是两个小时，在指定地点集合后，游客满脸倦态，脸上很难找到喜悦之情。

汽车载着疲惫的游客回到了县城。晚餐也是旅游项目之一——品尝滇东风味。晚餐是在住宿的酒店餐厅吃的，其中有酸笋鱼、白果炖猪脚、凉渍姜丝、蜂蜜荞饼、黄焖羊肉等富有 L 县特色的美食，让在花海中辛苦奔波一天的游客大饱了口福。餐后，第一天的旅游行程结束了，导游交代完第二天行程及有关注意事项后，游客各自睡觉。

第二天是整个旅行过程中最重要的一天。早上 8 点，汽车就载着游客前往"中国最美丽的峰林"、喀斯特奇观——金鸡峰丛。金鸡峰丛是一个非常大的景区，锥状的峰丛挺立在油菜花海中，形成一道非常特别的景观。金鸡峰丛是摄影爱好者的天堂，但普通游客只是感受一下而已。团队在金鸡峰丛停留1个小时，游客又是疯狂地拍照，又是顺着旅游路线不断往花海深处走。现在，金鸡峰丛的游览方式已经越来越多，可以坐牛车，也可以坐轿子，并由此获得不一样的旅游体验。但是，很多游客并不会选择这些游乐方式，因此，对于多数旅游者而言，金鸡峰丛也只是有限地走上一段，粗略地看看风景。我所在的团队里，几乎所有人都认为，在金鸡峰丛，有一个小时的时间就足够了。

从金鸡峰丛出来，汽车开向了新的旅游目的地——鲁布革三峡（雄狮峡、滴灵峡、双象峡）。鲁布革三峡距离县城近50公里，是闻名全国的鲁布革水电站蓄水形成的高峡平湖。鲁布革三峡是L县旅游的滥觞之地，正是这一池春水，激起了L县旅游的一帘幽梦。由于道路条件不是很好，汽车在云贵之间迂回了一个多小时才到达景区。鲁布革三峡的旅游模式非常简单而传统，就是乘坐游船游览鲁布革三峡，并欣赏沿岸风光和看看雄伟壮丽的水电站大坝。鲁布革三峡的中餐是旅行中的亮点，因为靠近水域，能够吃到比较便宜的野生鱼，此外，还有布依族五彩花饭。这些对游客的吸引力似乎超过了游船之旅。

午饭后的第一个景点是参观地下水电厂。鲁布革水电站是中国水电建设史上第一个引进外资、第一个对外招标的工程，工程的建设成功曾经掀起了强大的"鲁布革冲击波"，震撼了改革开放中的中国。因此，游客对这个中国水电建设里程碑很感兴趣。但参观地下工厂的时间是有限的，方式是单一的，就是在工作人员的引导下转一大圈，随后就出来了，只具有"到此一游"的意义。此外，工业游的吸引力毕竟是有限的，多数游客也就是看一看，满足了好奇心便感到满意。

距鲁布革三峡近20公里就到了多依河风景区。多依河风景区旅游以欣赏风景秀丽、婀娜多姿的多依河和体验古朴浓郁的布依民族风情、参观世界水车博览园、观一目十滩和雷公滩为主要旅游目标。我们的团队到达多依河的时候，那里已是游人如织，而且自由活动的时间只有两个小时，于是大家就混入人流，顺着河两岸走去。在多依河风景区，同样可以选择骑马、坐轿、坐人力三轮车等方式游览，但是这么多人游览一条河，河本身能够给人带来的秀丽风景便显得十分有限。于是，团友们最终都是带着一丝疲惫离开。

回到县城的时候，已是华灯初上时，吃过晚饭，劳累一天的游客都进入了梦乡。

第三天就是归期，神圣的旅游正在向末梢迈进，世俗的工作又将来到。最后一天虽然旅行社安排了农贸市场自由购物，但是在被旅游的烈火烧烤得沸腾不已的城市，谁又能够放心购物呢？我的团友们多数选择在酒店睡觉，几个女游客相约去逛市场，但是也少有斩获。

汽车开出了县城，穿越了万亩花田，飞驰在返程的路上。导游已经没有了调动气氛的激情，游客多数在车上进入梦乡。车到了昆明火车站停住，三天两夜的L县之旅画上了圆满的句号。

云南省国际旅行社是L县人民政府指定的假日旅游昆明接待站和专卖店，负责L县旅游接待服务的客户经理刘女士几乎参与了L县旅游发展的全过程。她告诉笔者，三天两夜的L县游算是比较悠闲和全面的游览方式，到L县的很多旅行团更多的是两天一夜。两天一夜的L县游，能够看的就是金鸡峰丛、多依河风景区、九龙瀑布群。虽然旅行时间短暂，但是从笔者对20名旅行者的访谈来看，大家并不觉得时间短暂，并未觉得游兴未消,而认为他们所看到的就是全部美景,所获得的就是 L 县旅游所能获得的全部体验。但在笔者看来,游客之所以行色匆匆,除了有时间等方面的原因之外,缺少让游客放慢脚步的旅游项目是重要原因。事实上,万亩油菜花能够给予游客的只是一种视觉上的享受,至于怎样对这一旅游资源进行深度挖掘依然是 L 县旅游面临的新课题;九龙瀑布群、多依河风景区同样有待于进行深度发掘;湾子湖、金鸡峰丛等旅游景点依然处于初期开发的状态。

事实上,对来自昆明等周边地区的游客而言,旅游的行程更加随意。他们自驾车而来,目的就是观赏公路沿线的油菜花,获取在花海中驰骋的美感。这样的游客在 L 县旅游团中占据不小的比例,他们犹如过客,不在 L 县住宿,甚至也不吃饭,就是驾车在能够看到油菜花的公路上奔驰。一个阳光明媚的上午,笔者在金鸡峰丛采访了一位自驾车游客,他这样描述自己的旅游体验:

> 我已经来过好多次了,九龙河、多依河都已经去过,不想再去了,但是我很喜欢这漫无边际的金黄,喜欢在花海中漫游的感觉。因此,每过一段时间,在油菜花盛开的时候,我都会到 L 县来一次,随心所欲地走、漫无目的地看。自己从昆明开车过来,花费也不高,就是一点油钱,吃饭和睡觉我会选择在师宗,因为那里相对便宜,而且不拥挤。

总之,L 县旅游依然具有"精耕细作"的空间,并需要以此为突破口,为游客提供更美好的旅游享受,而不是让他们在旅途中匆匆奔波。这是 L 县旅游面临的新挑战,也是 L 县旅游目的地建构必须贯穿始终的旋律。

三 油菜花的遍地风流

虽然 L 县油菜花海在全国乃至世界上都有较高的知名度,但并非唯一。随着大旅游时代的到来,很多地区竞相打出油菜花海的招牌,以油菜花海为旅游标志物的旅游目的地不断出现,并在彼此之间形成了竞争。早在2009年,"人民网·旅游频道"就主办了一次题为"中国最美的油菜花海"评选活动。[①] 在此次评选活动中,陕西汉中、江苏兴化、湖北荆门的油菜花海排在了前三位,L县油菜花海只排在第四位。在"人民网·旅游频道"的评选活动中,入选前十位的还有重庆潼南、青海门源、浙江瑞安、上海奉贤、江西婺源、贵州贵定,这些地方的油菜花海同样具有很强的旅游竞争力。

自被"人民网·旅游频道"评为"中国最美的油菜花海"以来,陕西汉中便大事渲染这一旅游符号,开始举办"中国最美油菜花海"旅游文化节,其浩大的声势在当地媒体的新闻报道中体现得非常明显。笔者引用媒体报道,展示陕西汉中在打造油菜花旅游品牌方面的力度和气度。[②]

2011·中国最美油菜花海
陕西汉中旅游文化节将于3月24日开幕

2011年2月25日,由陕西省旅游局、汉中市人民政府主办,汉中市政府新闻办公室、市文物旅游局承办的2011·中国最美油菜花海汉中旅游文化节新闻发布会在西安举办。

汉中市人民政府副市长张雁毅分别从汉中旅游发展、春日花海美景以及菜花节的主题、定位、主要内容等基本情况做了整体发布。汉中市政府副秘书长、市文物旅游局局长杨明全就2011·中国最美油菜花海汉中旅游文化节旅游线路及优惠政策作了相关发

---

① 引自人民网,http://travel.people.com.cn/GB/41636/41644/9252873.html。
② 引自中国在线,http://www.trip.net/news/news_info/123615_1/。

布。中央电视台对电影《油菜花开的季节》的开拍事宜在会上作新闻发布。陕西省旅游局领导还在讲话中对汉中本次活动予以了充分肯定。

据记者了解，2011·中国最美油菜花海汉中旅游文化节将于3月24日开幕。以"金色花海、魅力汉中"为节庆主题，有五项花海系列活动，分别是千车万人自驾"游花海"，红色歌曲"唱花海"，全国知名摄影家"摄花海"，梨花赛诗会和书法作品展"赞花海"，招商洽谈、地方特产"推花海"等，是一项集花海观光、乡村休闲、景区游览、民俗演出、招商洽谈为一体的综合性节庆活动。即油菜花节开幕式前一个月组织1000辆自驾车，贴会标、侧贴游古城西安引爆市场，开幕式当天到主会场自驾车500辆，节会期间分别组织10批自驾车（每批不少于100辆）游花海。组织油菜花海散文及散文诗大赛赞花海，组织油画及国画大赛画花海，组织摄影及DV短片大赛摄花海，组织为《油菜花开的季节》电影征集主题曲大赛，每赛均设一、二、三等奖项，由国内著名专家教授评选，作品将汇集出版。另有热气球游览项目和表演赛等。整个活动将从2月下旬持续至4月下旬，主会场设在洋县梨园景区。在开幕式当天将举办大型文艺演出活动，同时在汉台牡丹园、南郑川陕革命纪念馆、勉县武侯祠博物馆、城固南沙湖景区、西乡樱桃沟设分会场。除汉中市统一组织的活动外，各相关县分别举办一些有地方特色的活动，如汉台牡丹节、西乡樱花节、城固桔花节、勉县旱莲文化节、诸葛亮文化旅游节等。

菜花节期间，汉中市针对主客源市场推出了系列花海旅游精品线路并采取优惠措施：全市所有的花海观景点一律免费，这期间进樱桃园、桔园、梨花园、山茱萸花园、茶园、古汉台均免收门票。开幕式三天，持菜花节贵宾证、嘉宾证、记者证的人员到全市所有景点都免收门票。从3月20日到4月15日期间,散客到汉中市各大景点旅游门票实行8折优惠,旅游团队门票实行7折优惠。在此基础上,各县区及重点景区针对团队旅游人数的多少还将给予更多优惠。

可见,陕西汉中在油菜花旅游品牌的打造方面已经稳步推进,而且有后来居上的趋势。事实上,陕西汉中从2010年起就已经开始举办"中国最美油菜花海"旅游文化节,而且取得了较好的成效。与L县相比,汉中历史文化底蕴厚重,与汉朝、汉族、汉语、汉字渊源深厚,是中国历史文化名城,被誉为"中国最佳历史文化魅力城市""世界特色魅力城市"。就油菜花海而言,汉中每年种植面积都在100万亩以上,特别是汉江两岸、秦巴腹地都是连片种植,气势壮观、层次分明,花开时节,变化万千,花姿、花影、花雾、花流、花潮使人陶醉,让人流连。

江苏兴化油菜花海的特色在于油菜花海与河流纵横交错,形成了非常别致的景观,并吸引着很多游客。江苏兴化也正全力打造油菜花旅游品牌,途径依然是举办油菜花旅游节,其策略亦可通过新闻报道来展示。①

千岛菜花旅游节即将开幕
诚邀市民去赏花

太湖明珠网特稿:"金黄菜花水上长,万亩森林水上漂",这不是幻想中的仙境,也不是武侠小说中的秘境,这是江苏兴化的千岛油菜花景区。3月18日,兴化市旅游局来到无锡举行了第三届中国—兴化千岛油菜花旅游节新闻发布会。

---

① 来源于网络,http://www.thmz.com/col23/col89/2011/03/2011-03-18912391.html。

据介绍，2011年4月3日至5月6日，第三届中国——兴化千岛菜花节将在江苏省兴化市举行，在4月3日的开幕式上，大型实景演出"水韵兴化"将在乌巾荡上演，届时，成龙、杨澜、王力宏、张靓颖等明星也将倾情献艺。节日期间，兴化市还将在千岛菜花风景区举办首届乡村美食节，喜欢美食的朋友可以在那里品尝到兴化乡村特色菜点、小吃。节日期间极具地方特色的茅山会船等民俗表演以及兴化当地非遗传承人、老行当民间艺人的老行当表演则将让人充分领略到兴化丰厚的人文元素与多彩的民俗风情。

作为本届旅游节主题的"千岛菜花"景区位于江苏兴化市缸顾乡，曾在"中国最美油菜花海"评选中荣获第二。据考证，750年前，缸顾乡农民在水中取土堆田，整齐如垛，并在上面种植农作物，演变到今天就成了独特的垛田油菜花海。每年清明前后，千姿百态的垛田形成了上千个湖中小岛，岛上开满金灿灿的油菜花，在水面上形成一大片金黄色"花海"，土生土长的壮年划着农家小木船，带你徜徉于花海之中，体验"船在水中行，人在花中走"的别样风情。

2008年，湖北荆门也举办了首届油菜花旅游节，以推介油菜花旅游。与陕西汉中和江苏兴化娱乐味十足的模式不同，湖北荆门的油菜花旅游节注入较浓的农耕文化色彩。其在油菜花旅游品牌打造上的策略从新闻报道中同样可见一斑。[①]

中国·荆门首届油菜花旅游节

中国·荆门首届油菜花旅游节将于今年4月2日至5日在湖北

---

① 引自人民网，http://travel.people.com.cn/GB/112172/114536/7053094.html。

荆门隆重举行……

这次的油菜花旅游节，一共设计了9大主题活动：

一是花开荆门·首届油菜花旅游节开幕式文艺演出。

届时，将邀请中央电视台三频道《激情广场》栏目来荆演出。演出过程中将有20对新人上台举行集体婚礼，接受现场观众的美好祝福。

二是花落谁家·荆门乡土菜烹饪大赛。

大赛将以"走进原生态，汇集乡土菜"为主题，强调原创和群众参与，菜点原材料以及制作方法都尽量体现地方特色。

三是花红柳绿·征文·征歌·摄影比赛。

届时，将邀请部分省内知名作家、词曲家、部分国家级摄影大师来荆采风，组织摄影爱好者深入田间地头举行摄影抓拍大赛。

四是花为媒·双低油菜产业化高峰论坛。

针对当前我国油菜生产主要面临的劳动力投入多、机械化水平低、成本高、副产品加工增值缓慢等瓶颈，3月29日~3月30日，将邀请湖北省农业厅油菜办、中国农科院油料研究所、华中农业大学等单位的领导和专家，以及国内部分知名粮食加工企业就国内外油菜生产发展战略、油菜品质与营养利用、油菜全程机械化免耕栽培生产等作专题报告，进一步推动荆门市油菜产业的健康发展。与此同时，湖北油脂行业协会2008年年会届时也将在荆门举行。

五是花季少女·荆门旅游之星选拔赛。

大赛将以"和谐荆门、百花竞放"为主题，在全市范围广泛开展荆门旅游之星选拔赛活动，进一步宣传荆门厚重而独特的旅游资源，提升荆门旅游业的文化品位和整体水平。

六是花海人家·春游荆门踏青赏花交友活动。

活动期间，将利用清明假期，组织市民参加各分会场举办的踏青活动，组织市内百名作家进农家活动。

七是万花丛中·千人健步行及放风筝比赛。

荆门户外运动爱好者众多，具有举办健步行活动的良好基础。4月4日，将以"迎奥运会、观油菜花、游春天景"为主题，在全市范围内组织1000名左右的户外运动爱好者在田间开展千人健步行及放风筝活动，展示市民用实际行动喜迎奥运的精神面貌。

八是百花争艳·荆门民俗民风展示活动。

活动期间，各旅游景点将集中展示从民间收集上来的水车、风斗、犁、耙、碾子、篮、筐、筛等传统农具，体现原汁原味的农田耕作过程以及民俗礼节；旅游景点还将组织一批民间艺人开展民间艺术表演，演出民间吹打乐、民歌民舞、皮影戏、花鼓戏和梁山调等。

九是举办花语霓裳·服饰文化展示活动。

从3月9日开始，将在城区陆续举办时尚女郎"百变试衣会"、时尚讲坛等活动。4月4日晚，举办中国·荆门油菜花旅游节之服饰文化展示大型文艺晚会等活动。

此外，重庆潼南、青海门源、浙江瑞安、上海奉贤、贵州贵定等都举办了各有特色的油菜花旅游节，全力打造油菜花旅游品牌，并取得了较好的成效。更重要的是，其他打造油菜花旅游品牌的地区都较好地将旅游资源和油菜花旅游节有机结合起来，形成了庞大的旅游体系，增加了旅游目的地吸引力。以湖北荆门为例，除了打造油菜花旅游品牌之外，荆门还是楚文化的发祥地之一，历史悠久，文化底蕴深厚。公元前2世纪，秦始皇在这里建立了中国第一个县级行政区——权县。全市现有文物保护单位600余处，其中，全国最大的单体帝陵——钟祥明显陵被联合国教科文组织列入世界文化遗产，被喻为"楚文化地下宝库"

的纪山古墓群（已出土2300多年前的战国女尸、郭店楚墓竹简等国宝级文物）和距今4600多年的屈家岭文化遗址被列为国家级文物保护单位。春秋时期道学家老莱子曾隐居荆门，现有老莱子山庄和孝隐亭供人观赏；一代楚辞文学家宋玉在这里留下了"阳春白雪""下里巴人"的千古绝唱；三国关羽曾在此屯兵掇刀，现存有望兵石、上马墩、响岭岗等与三国有关的历史遗址；始建于隋开皇十三年（593）的东山宝塔至今仍耸立在东宝山巅；宋代理学家陆九渊曾于荆门象山设台讲学，现有陆夫子祠供人凭吊；清代建于象山东麓的龙泉书院集河、湖、泉、亭于一体，令人心旷神怡、流连忘返。荆门山川秀美，生态旅游资源丰富，自然人文景观独特，被评为"中国优秀旅游城市"。荆门地处楚文化、三国文化、三峡旅游线的节点上，有国家一级旅游景点60多处。国家级大洪山风景区面积有320平方公里，云蒸霞蔚、钟灵毓秀、令人流连忘返；国家水利风景名胜区漳河水库，碧波万顷、岛幽林深，恰似人间瑶池；黄仙洞属喀斯特地貌，钟乳成趣、千姿百态，堪称鬼斧神工。唐代大诗人李白曾留下著名诗句："霜落荆门江树空，布帆无恙挂秋风。此行不为鲈鱼脍，自爱名山入剡中。"

遍地风流的油菜花景观、纷纷举办的油菜花旅游节以及油菜花景观与历史文化自然景观的珠联璧合，使不少景区的知名度不断提升，从而也在消减着L县旅游景观的独特性和旅游吸引力。这对于L县而言，不能不说是一种挑战，自身难以克服的缺陷以及日趋激烈的旅游市场竞争使L县处于一种实际上的内外交困之中，于是，突围成了L县旅游可持续发展的必然选择。

第二节　突围之路

鲜明的季节性是L县旅游无法回避的痛，对此，旅游目的地建构者有着比任何人都深刻的认识。这种切肤之痛促使L县一直在寻找从季节性困境中突围的道路。田野工作中，笔者发现多年来L县一直在努力通过深化旅游目的地建构以淡化油菜花旅游的季节性影响。综合来自各方面的信息，笔者认为L县在突破旅游季节性、提升旅游目的地建构内涵方面的努力可归结为以下几方面。

一 提升景区景点吸引力

多依河风景区、九龙瀑布群风景区、鲁布革三峡是L县旅游目的地建构实践中重点建设的三个景区，也是目前L县仅有的三个A级景区。旅游开发的初期，这些景区单纯地作为观光地而存在，因此，呈现前面描述的油菜花盛开时节人满为患，拥挤的人群以及艰难的旅游体验遮蔽景区之美，油菜花凋零的季节游客稀少，旅游设施大面积闲置的情况。为此，L县在持续推进旅游目的地建设的实践中，不断深化这些景区景点的建设，发掘其中蕴含的休闲旅游资源，将它们建设成为游客能够停下来细细品味、悠悠享受的地方。

多依河风景区如果仅是一条清澈秀美的河流，那么对游客的意义仅为"到此一游"，游客逗留的时间很短，旅游对当地经济发展的带动作用也很有限。为了摆脱此种状态，L县争取到国债基金，加大投入，对多依河风景区进行深度开发。多依河风景区的深度开发主要是发掘当地丰富多彩的民族文化资源，将其打造成集自然风光与民族风情于一体的旅游度假胜地。根据L县旅游开发部门相关人员介绍，多依河风景区的二期开发主要从以下几个方面进行。

一是从国债资金中提取一部分，另加省文化厅的资金支持，将多依河风景区源头的布依族村寨——腊者村，打造为民族文化生态村。通过基础设施、村容村貌建设，民族文化资源的挖掘、整理、展示，民族文化生态村成为多依河风景区中的重要组成部分。民族文化村的建设，使多依河风景区实现了自然资源与民族文化资源的结合，从而提升了景区的内涵，增加了对游客的吸引力。如今，国内外游客到 L 县一般都会到腊者村吃中午饭，品尝布依风味食品，感受布依风情，领略布依文化。

二是在景区雷公滩下游 1 公里的地方，建筑了提水坝，铺设了沙滩，可以用于游泳、垂钓，同时还开辟了游船等水上娱乐项目以及橡皮艇漂流项目。在沙滩附近已经开发夜景项目，可以进行夜间民族歌舞表演活动，并正在建设集露营、休闲、烧烤、垂钓于一体的休闲旅游度假区。目前已经有大量游客前往多依河风景区休闲度假。此外，针对城市游客心怀亲近土地和"玩泥巴"的童年情结，开发了泥地橄榄球、农耕文化体验区等休闲旅游项目。

经过一系列打造，多依河风景区的旅游内涵不断丰富，吸引力不断提升。更为重要的是，经过深度开发，多依河风景区已经不仅是一条风景秀丽的河流，而是可以停留下来，认真体味自然清新和泥土淡雅的旅游休闲地。这样的景致在任何时候都对游客充满吸引力，因此，不少游客在没有油菜花的季节也会到这里来休闲、来度假、来体验亲近自然的快感，将其作为逃出"铁笼"之后的心灵归属地。2011 年夏天，笔者就遇到了来自广东的旅行团，他们告诉笔者，他们故意避开旅游高峰期，为的就是享受徜徉在 L 县自然山水中的悠闲时光。

此外，L 县还依托"万峰湖"的渔业资源以及优良的生态环境，将鲁布革乡打造成"渔港旅游小镇"，并引进外资，对九龙瀑布群进行深度开发，目前已经开发出温泉度假旅游等众多项目，夏秋季节依然有大量游客前往景区旅游休闲。景区的深度开发不仅增加了县域旅游收入，而且增加了当地居民的收入。目前，在九龙瀑布群附近，有 60 多家农家乐在提供旅游服务。

二 打造新的旅游景区

除不断丰富现有旅游景区景点的旅游内涵之外，L县还积极发掘新的旅游资源，打造新的旅游景观，以提升旅游竞争力。据相关人员介绍，L县正在打造峰林景观旅游工程，这将是其旅游开发中的大手笔，如果能够取得预期的效果，将能够创造又一个旅游高峰，较好地解决油菜花的季节性带来的旅游季节性弊端。

L县峰林位于九龙瀑布群、多依河、鲁布革三峡三景区的中心圈内，占地约1000平方公里。L县峰林密集、形态奇特，景观优美的区域是一个长约60公里，宽约2公里的"入"字形地带。峰林景区内山形秀丽、峰如剑立、岩如刀劈，大部分地方人迹罕至。峰林景观的主要景点有金鸡峰丛、十万大山、野猴谷等，而金鸡峰丛是其核心。金鸡峰丛位于城东北12公里的324国道旁，从最佳观景点大黑山顶放眼望去，一个个玲珑精美、形态各异的锥状山头像刚刚出土的春笋，高的百余米、低的几十米，在不同的季节，点缀在无边的黄色、绿色和红色的海洋中，若遇雾气，飞云漫卷，群峰浮动，雾随山移，山随雾转，美不胜收。2005年，在《中国国家地理》选美评选中，L县峰林被选为中国最美的峰林。峰林尚未进行有效的旅游开发，仅在金鸡峰丛修筑了机耕路同时作为旅游线路。游客进入景区并不需要购买门票，当地人从旅游中得到的实惠也仅限于提供牛车、花轿、农家乐等简单的旅游服务。在纵深推进旅游开发的过程中，L县旅游目的地建构者认识到峰林景观蕴含的巨大价值，于是启动了打造高品位峰林景观的宏伟计划。笔者从L县相关知情人士中了解到，峰林景观的打造将主要从以下几个方面进行。

峰林景观是庞大的景观带，如果仅依靠游客步行或者是乘坐牛车、人力车和花轿游览，一方面成本高昂，另一方面游客根本无法领略这一景观的壮美。针对这一问题，在国土部门的支持和帮助下，L县正在峰丛景区修筑小火车轨道，届时，游客可以乘坐小火车欣赏峰林奇观。观光小火车的运行将极大拓宽游客的活动范围，这为进行旅游开发提供了更多可能。与此配套，L县还将推进一系列旅游开发。例如，打算将绵延20多公里的十万大山建设成集休闲、度假、娱乐于一体的旅游胜地。

十万大山是苗族聚居的地区，大约有5平方公里是国家地质森林公园。在推进峰林景区建设的同时，L县将苗族文化风情旅游作为重要内容纳入旅游发展总体规划，为奇异的自然景观赋予文化的灵魂，提升旅游开发内涵。据相关人士介绍，十万大山景区，有一些古老的苗族村寨，原生态的舞蹈、音乐、服饰、饮食等是游客梦寐以求的，具备旅游开发的优越条件。因此，在新一轮的旅游目的地建构实践中，L县的思路是将十万大山景区建设成以苗族传统文化为标志物的休闲度假观光区。经过了旅游之风20余年的吹拂，十万大山里的苗族村民也深知旅游对改善自己生存状态的重要性，因此，他们以非常积极的态度面对旅游。在一个被政府确定为旅游开发试点的村庄，笔者看到了一番新的景象：有的农户已经在翻新房屋，准备开办农家乐；村里已经在培训自己的文化传承人；妇女们已经开始重新拾起丢弃很久的刺绣……总之，大家都在期待着游客的到来，也期待着旅游的潮水早点到来。

三 寻求新的农业景观

L县旅游目的地建构者也许过于沉浸于"花"的思维，他们依然为满地金黄的油菜花终将凋零而遗憾。L县人一直在试图借助科技的力量培育反季节栽培的彩色油菜花，在春天之后，再造就一段油菜花盛开的日子，而且开放的是紫色、蓝色或者其他颜色，甚至是五彩缤纷的油菜花。科技的力量的确是强大的，经过与省农科院合作，L县真的培育出了反季节栽培的油菜并进行了试探性种植。然而，科技的力量再强大也

图 5-1　十万大山

说明:"十万大山"如同大地的皱纹,诉说着沧海桑田的变幻,皱纹的深处藏着丰富的民族文化资源,是含苞待放的旅游之花。

无法超越自然规律,反季节的油菜虽然能够开出紫色的花,但是结籽很少,而且"大春"是 L 县农民最主要的收获季,如果将赖以生存的土地都拿来种植一片风景,那么民生问题将无法解决。于是,L 县无奈地放弃了种植反季节油菜的设想,将目光转向种植万寿菊。

要通过行政的手段让农民放弃传统的农作方式,去接受一个新的农作品种是非常困难的,需要经历漫长的探索实践过程。事实上,L 县旅游目的地建构者的目光早已经落在万寿菊身上了,而且也进行过试验。早在 2003 年,L 县县政府就以行政手段发动农民连片种植万寿菊,期望在增加农民收入的同时再打造一季景观。但是,万寿菊毕竟不像油菜一样,是与民生相关的产品,因此,销售市场并不稳定,在市场调节下时而高涨,时而低落,甚至出现滞销现象。L 县正好遭遇了万寿菊滞销,于是农民将难以售出的万寿菊堆放在县政府门口示威,以表达对政府干涉农事的不满。这一事件使 L 县暂时放弃了大面积推广种植万寿菊的计划，同时也使他们再次认识到，要利用农田生产美景，不能只考虑其作为旅游凝视物的属性，必须考虑其作为农作物的属性，也就是说在考虑旅游收益的同时，必须保障农民的收益，而且收益还必须大于或至少等于农民种植其他作物能够获得的最高收益。

L 县没有放弃"万寿菊计划"，而是准备在条件成熟后继续推出。采用油菜花旅游的模式，L 县引入菊花深加工企业，设定了菊花的最低收购价格，于是再次启动了"种植万寿菊，再造一季美景"的旅游目的地建构计划。到 2011 年，L 县已经在金鸡峰丛景区种植万寿菊 2000 多亩，形成了一片秋季的金色花海。L 县的目标是，未来 L 县的秋天漫山遍野都是菊花，再获取具有独特性的旅游符号。2000 亩与 80 万亩之间尚有很大的差距，能不能开辟另一个"花海"仍待时间的证明，也考量着 L 县人的智慧。不过，L 县已经迈出了重要的一步。

沿着油菜花、万寿菊的思路，L 县还重新开发了一个农业生态景观——红高粱。红高粱的种植在政府主导下，以"公司+专业合作社+基地+农户"的模式打造，目前种植面积已经超过 2 万亩，在保证当地百姓利益的前提下打造出新的旅游景观。深秋时节，L 县县城周边的田野一片火红，形成了一道独特的风景线，成为摄影家的天堂。而伴随着摄影家作品的发表，美丽的风景亦渐渐为世界知晓，红扑扑、沉甸甸的原野再次吸引了游客凝视，越来越多的游客选择在深秋时节来到 L 县，体验别样的宁静与美好。

总之，L 县一直在突围，从金色花海的季节性困惑中突围，从国内外旅游市场竞争的压力中突围，从自身的缺陷中突围。突围中的 L 县希望自己能成为一个"春看菜花、夏看瀑布、秋看峰林、冬看雾"，一年四季游人如织的旅游目的地。

图 5-2　L 县万寿菊花海
说明：金秋九月，万寿菊盛开，但因规模有限，游客凝视亦有限。

第三节　小结

很显然，油菜花花期的季节性是 L 县旅游面临的最大困局。这并非 L 县独有的苦恼，而是我国各旅游地普遍面临的现象。季节性问题给旅游资源、旅游企业、旅游地及其居民、旅游者都带来较大的负面影响。因此，破解季节性带来的困局，可以说是伴随旅游目的地建构的一个恒久话题。季节性问题应对策略主要有开发淡季旅游市场、开发淡季和无季节性旅游产品、合理安排旅游节庆活动时间、加强旅游景区集聚开发和区域旅游合作、合理利用价格杠杆、季节性歇业等多种模式，这些模式可以多种并用。就 L 县而言，破解"花期之囿"的基本途径是以季节性产品对抗季节性产品，而这种路径，体现的是其难以突破的"花海情结"，其背后隐藏的是思维之广度不够、思维之定式较强。针对油菜

图 5-3　L 县的红高粱

说明：与万寿菊一样，红高粱也是 L 县旅游希望借以突破"花期之围"的一叶方舟，但也如万寿菊一样，囿于种植规模等原因，"高粱美景"关注度有限，影响力不佳。

花海的季节性问题，L 县想到的是万寿菊、红高粱，期待着"三月花海"之后的"七月花海""九月花海"，这种思维固然没有问题，但遗憾的是，造就"一片海"并非易事，而且需要有深厚的历史文化基础。正是因为历史文化基础薄弱，L 县并没有造就"七月花海"和"九月花海"，万寿菊也好，红高粱也罢，均未形成可与"油菜花海"比肩的旅游凝视，因此，未能帮助 L 县从"花期之围"中突围。

该如何突围呢？L 县没少"寻医问药"，也有不少专家以自己的学科背景为逻辑起点，给出了看似合理的"药方"。但是，L 县旅游需要的不是"药方"，而是在新的历史时空下，推进一场旅游目的地建构的革命，而且其"战场"不仅仅在于景区景点优化提升和发掘，更在于建构与旅游目的地建设相适应的思想观念。为此，L 县应在五个方面着力与突破。

一要打开视野，在国家战略和区域发展规划框架内推进旅游目的地建构。L县旅游目的地建构长期以来给人的印象就是"自成一体",存在同国家战略和区域发展规划对接不够充分、不够紧密的问题,为此,需要在新的时代背景下,以更开阔的视野,审视其旅游目的地建设实践,更好地融入国家战略和区域发展框架内,并力争成为其中的一个支点。当前,无论是从国家战略布局的角度来看,还是从区域发展规划的角度来看,L县旅游都面临难得的发展机遇。从国家战略的角度来看,L县旅游面临三大机遇。一是随着"一带一路"倡议的实施和政策沟通、设施联通、贸易畅通、资金融通、民心相通水平的提升,"一带一路"沿线国家人民的交流、交通、交往必将越来越频繁,甚至有可能形成"一带一路"旅游圈。因此,要抓住"一带一路"倡议实施的机遇,在高铁、高速公路等交通通达条件方面实现新的提升,为远方的游客到来,准备更便捷的交通条件。二是当前云南正在努力建设成为中国民族团结进步示范区、生态文明建设排头兵、面向南亚东南亚的辐射中心,而高品质的旅游目的地建设,正是聚人气、聚产业、聚和谐的重要途径和方法。L县旅游应充分发掘自身的优势,找准并凸显自身在其中的位置,争取国家级、省级层面的更多支持,通过旅游目的地建构实践,将自身首先打造成为民族团结进步示范区、生态文明建设排头兵和对南亚东南亚国家富有强大吸引力的旅游目的地。三是随着"泛珠三角区域合作"上升为国家战略,作为这一区域内的重要旅游目的地,L县应更积极主动地融入这一区域中,并力争成为其重要旅游目的地。从区域发展的角度来看,2016年8月,云南省通过了《旅游产业"十三五"发展规划》,提出要按照"强滇中、活沿边、促沿江、优片区"的布局思路,着力构建"一圈四带五区"旅游产业发展格局。其中,"一圈"指的是依托于滇中城市一体化,推进昆明市、曲靖市、玉溪市、楚雄市滇中城市旅游圈的建设;"四带"是指重点建设沿边跨境旅游经济带、金沙江沿江旅游经济带、澜沧江旅游经济带和昆玉红旅游文化产业经济带;"五区"指的是优化滇西北、滇西、滇西南、滇东南和滇东北五大旅游片区的建设。从云南省《旅游产业"十三五"发展规划》来看,L县旅游可以在"一圈"和"五区"中找到定位。首先,在"一圈"的定位中,很显然L县属于曲靖市的重要旅游目的地之一,在其中具有不可替代的重要地位。因此,在"一圈"建设之中,L县必将成为重点,但是其必须拿出有建设性和前瞻性的建设方案,特别要重点解决曲靖和L县之间的高速公路通达和轨道连通问题,破解这个问题,将为L县旅游注入新的生机。另外,在"五区"中,L县亦可在滇东北旅游片区建设中找到自身定位,并通过凸显在其中的特殊地位而进入新的旅游圈,从而带来更充沛的客源。

二要扩展胸怀,力争在更广阔的旅游圈中占据一席之地。从地理空间来看,L县处于滇黔桂三省区接合部,以"鸡鸣三省"而闻名,这种独特的区位,使L县在旅游目的地建构过程中只有与周边县区建立良性互动关系,才能更具活力和竞争力。但是,L县同周边地区一直处于竞争的状态,至今没有形成有效的合作机制,这在一定程度上影响了其旅游品质的提升和旅游市场的扩大。因此,在未来的旅游目的地建构实践中,L县当扩大胸怀,在"泛珠三角区域合作"框架内,探索科学合理、运行有效、互惠共赢的旅游协作机制,同贵州兴义和广西西林紧密合作,共同打造高品质的旅游圈。此论,有四个逻辑支点:首先,从景观特质的角度来看,L县与兴义、西林的旅游景观基本属于同一类型,但又因为历史文化发展轨迹的不同而各有特色,如果能够以有效的机制促进三地旅游协作,将有条件把这一区域打造成为以喀斯特自然景观为主兼有丰富多彩自然文化景观的世界级旅游度假休闲目的地;其次,从旅游目的地建构的实际需要来看,万峰湖、鲁布革三峡、多依河等景区景点都介于三地交界之处,如果没有很好的协作机制,将难以真正建成高品质的旅游景区;再次,由于三地旅游资源禀赋大同小异,如果缺乏有效的旅游协作机制，景区景点重复建设的问题将难以避免，三地之间的竞争将会愈演愈烈，从而会导致恶性竞争，造成旅游资源价值内耗；最后，在"一带一路"倡议、"泛珠三角区域合作"的框架下，如果三地有效协作，更容易争取到国家政策支持，能更好地解决交通问题，尽快将这一旅游区推进到高铁时代。

三要深化改革，追求一流的旅游目的地管理水平。旅游管理水平建设是旅游目的地建构的重要范畴之一，而且在很大程度上，管理水平的高低，决定或者影响着旅游目的地建设成败。从旅游目的地管理方面看，L县仍沿袭旅游局、风景区管理局、旅游开发公司"三块牌子、一套人马"的状态，这种管理体制在特定的历史时空发挥了应有的旅游目的地建构促进功能，但是存在政事不分、政企不分、企事不分的情况，从而导致市场化、产业化、组织化程度不高，管理方式简单粗放等，影响了资源整合和市场合作能力，致使现有景区景点建设处于开发经营方式单一、吸引社会资本能力薄弱的境地，影响了产业发展活力。为此，L县需要按照"政府主导、企业主体、行业促进、市场推进"的总体原则，以全面深化改革的勇气，建立起符合现代旅游产业发展的管理体制。改革的具体路径就是要尽快建立起行政、事业、企业各司其职、各展其能、共促发展的旅游管理体系：县旅游局作为行政单位履行行政职能，对全县旅游发展相关事宜进行顶层设计、宏观管理、监督检查；风景区管理局作为差额拨款事业单位，按照"行政管理行政化、社会事务事业化、经济行为企业化、经营方式市场化"的体制机制，将其行政职能划归旅游局，保留其对景区景点进行综合治理、经营发展规划和管理监督的职能，将其经营职能划归旅游开发公司；旅游开发公司作为经营实体，承担景区与旅游相关的所有经营内容，并在现代企业制度内运行和发展。此外，为了解决鲁布革水电站库区移民的生计问题，鲁布革三峡景区在权属上依然归于移民局，这事实上使其流于L县旅游开发主流之外，从而不利于景区的发展，导致旅游资源浪费，应在新的历史时期内重新审视历史问题，并做出有利于景区发展、有利于民生改善的改革。

四要精益求精，打造精细化、高品质的旅游目的地。可以说，L县旅游目的地建构始于观光时代，并按照观光旅游的标准推进景区景点建设，但随着社会经济文化发展以及旅游诉求变迁，休闲旅游已逐渐成为旅游主体，除了极少数具有不可替代的观光价值的景区之外，都需要做出调适。对于L县旅游而言，以休闲旅游为标准、按照精益求精的标准，重新推进旅游目的地建设具有特别的意义，如果能够抓住这一机遇，或将迎来升华之机会。从资源禀赋来看，L县旅游其实更适合进行休闲旅游开发，打造休闲旅游精品市场应为其旅游目的地建设方向所在。首先，如果以休闲旅游的标准来看，L县尚有很多景区景点可以开发利用，能够极大地丰富旅游产品，为游客创造更多留下来的理由；其次，如果以休闲旅游的目光审视，当前L县主要的景观都有更深更大的开发价值，从而爆发出更大的经济和社会效益；最后，L县独特的民族文化旅游资源的开发，需要在休闲旅游目的地建构实践中不断推进。

五要适当引导，培养热情好客的当地人。旅游目的地建构不仅是旅游基础设置的建设，还包括浓郁的旅游文化建构，而所谓旅游文化建构不仅仅是对旅游从业者的简单培训，更重要的是建立和培养一种宾至如归的旅游文化氛围，而对于休闲旅游目的地而言，这显得更加重要。亲善和谐的旅游文化之稀薄是当前中国旅游面临的重大问题，从本质上来讲，之前媒介不断爆出的伤害旅游者的事件，其内在原因都是旅游文化之缺乏，从而导致游客与旅游从业者、与当地人之间难以形成健康互信的关系，从而引发冲突或伤害。因此，作为旅游目的地建构的主导者，应该以适当的方式引导旅游从业者和当地人正确认识旅游，并以亲和友善之心面对游客，给游客以舒适愉悦的旅游体验，从而促进旅游业发展，促进地区经济、社会、文化发展。

第六章　结论：旅游目的地建构的基本模式

与周边的石林、泸西等县相比，L县在旅游资源上并不占优，没有名胜古迹，也没有世界奇观。然而，L县人凭着一腔热情和充满才情的灵感建构了自己的旅游体系，成为一个为世人公认的旅游目的地。因此，笔者认为L县旅游目的地建构实践具有较强的代表性，对其进行剖析、透视和研究，可以概括归纳出旅游目的地建构的基本模式。

第一节　培育旅游标志物

正如纳西古城和玉龙雪山是丽江旅游的标志、火山热海是腾冲旅游的标志一样，遍地金黄的油菜花海是L县旅游的标志。事实上，任何旅游目的地都有自己的旅游标志物，而标志物的培育正是旅游目的地建构的核心内容，能否真正培育好旅游标志物，直接关系着旅游目的地建构的成效。何谓旅游标志物？笔者认为，是能够标识该旅游目的地，或是人们说到该旅游目的地时便会首先闪过脑海的某一事物。对于一些旅游景点而言，旅游标志物是显然的，不用刻意寻找，也不用刻意培育：在北京，长城、故宫、天安门、颐和园、天坛等就是旅游标志物；在石林县，石林奇观就是毫无疑问的旅游标志物；在河南，少林寺就是旅游标志物；在江西，庐山就是旅游标志物……但是，并非所有的旅游目的地都"天生丽质"，而且更多的旅游目的地需要独具匠心，方可培育出自己的旅游标志物，从而成为具有影响力的旅游目的地。L县旅游目的地建构实践提供的正是这样一个范例。如何培养旅游标志物呢？当然不可能有放之四海而皆准的答案，但经透视、剖析和研究L县培植旅游标志物的过程，分析旅游的动机，笔者认为，旅游标志物培育当遵守独特性原则、可持续原则、多元化原则。

一 独特性原则

理解旅游标志物培育的独特性原则，首先应考察"旅游"的概念，探寻旅游的本质。什么是旅游？答案很多，神同而形异，其内在的"神同"可以归结为：离开日常的、工作的生活状态，到别的地方去，体会一种差异，感受一种别样。由此可见，面对那些追求差异性的心灵，旅游标志物必然是要有独特性的。丧失了独特性，就无法吸引游客，当然也就不可能成为旅游标志物。

对于多数旅游目的地而言，旅游标志物的培育是一个不断探索和实践的过程。例如，在L县的旅游开发实践中，首先开发的是鲁布革三峡风景区，这一以在高峡平湖上乘船游览并观赏两岸雄奇与隽秀的自然风光为特征的旅游项目虽然取得了一定的成功，但是因其并不具备无可匹比的独特性而不可能成为旅游标志物，也不可能撑起L县旅游的天空。后来开发的九龙瀑布群风景区，也因独特性不够而未能成为L县的旅游标志物。多依河风景区也一样，旖旎秀美的小河，在我国的广袤河山之间是何其之多，自然也无法成为旅游标志物。正是因为没有旅游标志物，L县旅游一直不温不火。终于，满地金黄的油菜花触动了L县人的灵感，他们将其打造成了旅游标志物。在培育油菜花作为旅游标志物的过程中，L县的影响力越来越大、知名度越来越高，渐渐的油菜花海与L县旅游紧紧相连，当人们说到L县旅游的时候，闪过脑海的首先便是满地金黄的油菜花。同样，当人们说到油菜花海的时候，首先闪过脑海的，可能也是彩云之南的山间 L 县。

油菜花具有独特性吗？当然没有，它仅仅是一种异常普通的花朵，但是 L 县人就使其有了独特性，成了旅游标志物。将传统的农作物打造成旅游标志物，L 县经历了以下过程。首先，利用行政权力，动员广大农民连片种植，形成了 80 多万亩连片种植的规模。油菜花没有独特性，但是数十万亩连片开放的花海是具有独特性的，于是，L 县油菜花成了世界最大的自然天成花园，而且金色的花海也的确蕴含强大的审美震撼力，游弋花海让人获得的审美享受的确非同寻常。其次，L 县油菜花在早春季节开放，在春暖花开的时候，绽放万亩金黄，对刚刚从困顿的冬天里复苏的人们来说，是一种震撼。L 县成了春天最适合观看油菜花的地方。于是，L 县油菜花又有了新的独特性。再次，L 县油菜花因为山势、地形的优势，变幻出螺丝田等独特景观，且状如立锥的峰林点缀其间，形成了一种非常独特的花海景观，此为 L 县油菜花海景观独有。最后，举办"国际油菜花文化旅游节"，将云南独特的民族文化与花海景观融合开发的创意也的确吸引了世人的目光、扩大了宣传的效果。

旅游标志物的形成更重要的是获得社会的广泛认可，因此，宣传和推介非常重要。在 L 县的旅游宣传中，油菜花旅游的宣传至少占据了半壁江山：进入 L 县，就能在显目位置看到巨幅的油菜花旅游广告，给人强烈的心理暗示——你已经进入花海，你接下来的旅程将与花事相关；L 县最为著名的节庆活动油菜花旅游节，从规格越来越高的新闻发布会，到邀请的明星，每年在此项宣传方面的投入异常巨大；大型舞台剧《太阳三姑娘》宣传的主题也是油菜花，其中串联的诸多景区景点传说皆为配角；在各种各样的旅游宣传印刷品和旅游宣传资料中，油菜花都占据很大篇幅，都作为主要景致被推介。在关于 L 县的旅游宣传中，油菜花海是主场景，金色是主色调，在地毯式的宣传策略下，油菜花作为 L 县旅游标志物的地位越来越明显、越来越巩固。L 县作为油菜花观光旅游目的地的形象在全省、全国乃至全世界都具有了较高的知名度。

总之，旅游标志物的选择和培育必须强调其独特性，而且需要将这种独特性尽可能地向社会展示，使其获得游客的认可。

二 可持续原则

选择和培育旅游标志物，须坚持可持续性原则。在旅游标志物培植中坚持可持续原则亦有两层含义：首先是作为旅游标志物的特色景观本身必须是可持续的，不能如昙花一般易逝，也不能短期便令人审美疲倦；其次是旅游标志物的培植本身应遵循可持续发展原则。下面以L县旅游标志物培育的实践为例对此进行阐释。

油菜原本是L县人赖以谋生的农作物，适合于L县的土壤、气候条件，从生态适应的角度看，油菜花在L县是可以每年如约开放的，是一道可以持续的旅游景观。从审美的角度来看，一方面，数十万亩的花海的确蔚为壮观，是一幅奇妙无比的人间锦绣，具有强大的审美诱惑力；另一方面，每年出现一次的盛大花事不仅不会因为人们的审美疲劳而丧失或者消减审美意义，而且会因为一年的等待而增加审美"势能"，在花潮汹涌的时候引来更多的赏花人。因此，从旅游标志物的选择方面，笔者认为，满地金黄的油菜花，可以成为特色鲜明的旅游标志物。

从标志物的培育来看，L县油菜花景观打造更为鲜明地体现了可持续发展的原则。油菜花在从传统农作物向旅游凝视物转变的过程中，行政权力的介入是一个重要特征，且这一过程充分尊重了可持续发展的原则，从而保证了这一转型的成功。在田野调查中，笔者了解到在进行旅游开发之前，L县油菜种植虽有一定规模，但是难以连片，这与旅游开发需要的规模效应是相悖的，于是行政权力介入其中，强制性地要求农民连片种植。在运用行政权力的同时，L县充分考虑了农民的利益，切实让他们从中得到实惠：首先，在开始的几年，政府对种植油菜的农户从化肥、籽种等方面给予一定的支持，并制定了菜籽收购的最低价，防止"油贱伤农"；其次，政府搭桥，并在政策上给予相应的优惠，引进大型油企到 L 县落户，提高了菜籽的加工精细度和利用率，保证农民收入不断增高，也方便了农民的菜籽销售，激发了农民种植油菜的积极性；再次，旅游开发提升了 L 县的美誉度，民众从中既能增加自豪感又能从不断繁荣的区域经济中享受好处，部分农民还因旅游开发得到直接的实惠……由于一系列惠农措施的执行，种植油菜成为农民的自觉选择，从而保证了金色花海年年绽放而且越来越壮阔。由此可见，L 县在旅游标志物——油菜花海培育方面坚持了可持续发展的原则，从而维护了这一景观长盛不衰。

在旅游标志物培育过程中，同样有反面的教训。例如，为了克服油菜花花期造成的明显的季节性旅游的情况，L 县曾探索种植反季节栽培的开紫色花朵的油菜。经过多年培育，紫色油菜花培育获得了成功，但是由于产量不高，农民的利益得不到保障，因此，不得不放弃了此项计划。同样，为了让油菜花凋谢后的田野再现芳华，L 县还探索过种植万寿菊，但是由于在产销环节上没有进行有效的沟通，造成农民收获的万寿菊无法找到销售渠道而蒙受损失。随后，在产销环节上进行了卓有成效的探索之后，L 县才再次启动了种植万寿菊、打造秋季花海的工程。

L 县的实践鲜明地揭示出，坚持可持续发展是选择和培育旅游标志物的基本原则。而尊重当地人利益，使旅游目的地发展与地方发展齐头并进正是可持续发展的基本理念。

三　多元化原则

正如前面所言，旅游标志物是某一旅游目的地的旅游标志，是触动游客审美情绪和激发游客旅游行为的独特景观。因此，对于一个旅游目的地而言，旅游标志物越多表明其旅游资源越丰富，旅游目的地的生命力越强。但对于多数旅游目的地而言，旅游标志物并非自然天成，而是在旅游目的地建构实践中不断探索、选择并培育而成的。笔者认为，选择和培育旅游标志物应遵循多元化原则。之所以坚持多元化原则选择和培育旅游标志物，是因为几乎任何旅游景观都有其局限性，而坚持多元化的旅游标志物培育可以形成相互补充的标志物团簇，增加旅游目的地的生命力。在田野工作中，笔者深受 L 县全力选择和培育旅游标志物实践的触动，对此进行分析有利于阐释在旅游标志物培育中坚持多元化原则的重要意义。

毫无疑问，油菜花海是 L 县旅游目的地建构中选择和培育的一个特别重要的旅游标志物。每年油菜花盛开时蜂拥而至的游客也充分说明，油菜花海这一旅游标志物的培育是非常成功的，它让世人认识到 L 县是一个有风景的地方，是可以去旅游的地方，并将 L 县旅游带入全新的发展水平。但是，油菜花是有花期的，因此，L 县旅游业具有非常鲜明的季节性特征。鲜明的季节性特征对 L 县旅游本身是有伤害的：一方面，大量游客在短时间内蜂拥而至，超越了 L 县的旅游接待能力，从而使其服务质量难以保证，并会出现商家高抬物价的现象，这将在一定程度上损害旅游目的地形象，不利于旅游发展；另一方面，当花潮退去、花海消失，游客渐显稀少，大量旅游基础设施处于闲置状态，也不利于旅游目的地本身的发展。可见，将油菜花海作为旅游标志物培育，虽然是成功的，但也是有局限的，因此，必须选择和培育新的旅游标志物。

笔者认为，L 县旅游目的地建构的实践正是沿着不断选择和培育旅游标志物这一线索推进的。针对油菜花的花期带来的季节性旅游特征，L 县进行了大量探索实践，希望能够让这一风景存留的时间更长一些，其中包括培育反季节种植的彩色油菜花等。这些探索可以说是沿着油菜花海的思路进行的，想让花潮起伏的时间长一些，让旅游旺季持续久一些。除此之外，L 县还在不断选择和培育其他旅游标志物的过程中推进旅游目的地建设。笔者在田野工作中了解到，除了油菜花海，L县还培育了其他的旅游标志物。一是布依族风情。L县是云南省70%的布依族聚焦地，布依族文化保存比较完整，依托这一旅游资源，L县致力于打造布依族风情旅游，并取得了一定成效。二是休闲文化胜地。L县还致力于打造休闲旅游胜地的旅游目的地形象，目前万峰湖野生渔场已经在广大垂钓爱好者中产生了很大的影响。为此，L县乘势推进山间渔港小镇建设、温泉浴场建设、会议中心建设，其中长源温泉已经成为集温泉疗养、休闲度假、旅游观光、餐饮住宿、民俗风情体验于一体的大型综合性温泉生态度假区。三是苗族文化旅游。以保存比较完好的苗族文化为依托，L县还以"十万大山"国家地质森林公园建设为契机，积极推进苗族文化旅游开发项目。

这些景观能否真正成为L县旅游的其他标志物，让人们在想到L县的时候想到布依风情、苗族风情，在想体味布依文化、苗族文化的时候想到L县，这还未知。但是，L县多元化选择和培植旅游标志物的实践表明，任何一个旅游目的地都需要不断探索和培育新的旅游标志物，才能让旅游目的地长兴不衰。笔者认为，不断培育新的旅游标志物、不断开发新的旅游增长点，正是旅游目的地可持续发展的要诀所在。

总之，旅游标志物的选择和培育关系到旅游目的地建构的成败，如果有长盛不衰的旅游标志物，旅游目的地必然是兴旺的。如果将旅游目的地喻为阵地，那么旅游标志物就如旗帜，旗帜倒了阵地自然就不在了。

第二节　旅游场域建构

法国社会学家、场域理论的主要倡导者布迪厄认为，"场域是位置间客观关系的一个网络或一个形构"。笔者认为，任何旅游目的地都是各种旅游要素之间有机结合的网络和形构,是一个具有强大旅游吸引力的场域。通过对 L 县旅游目的地建构实践的考察,笔者认为,一个具有吸附力的旅游场域应是景观群、休闲圈、文化带、符号丛的集合。

一 景观群

景观群是某一旅游目的地内的景观集合。笔者认为,只有培育好各有特色、互为补充的景观体系,旅游目的地才能够留住游客,旅游经济的整体效应才能显现出来。笔者关于旅游目的地建设的"景观群"理论源自对 L 县和石林两地旅游目的地建构实践的透视,并以两地的旅游开发效果对比为切入点,阐释"景观群"培育对旅游目的地建构的重要性。

毫无疑问,石林是一个闻名遐迩的旅游目的地,其旅游知名度和影响力源自独特的旅游标志物——石林奇观。但是,笔者认为就旅游目的地建设而言,石林的实践和模式并不成功,原因在于没有形成促进旅游目的地良性发展的景观群。也正是因为没有景观群,游客到了石林一般就是看看石林奇观,然后便奔向其他旅游目的地或者是打道回府。这样的话,游客到石林旅游,消费的基本上只有石林景区的门票,对地方经济的带动作用不大。这一点,在笔者对旅行社和游客的访谈中得到充分证明:昆明某旅行社杨经理告诉笔者,他们一般是在即将结束旅行的最后一天安排游客到石林旅游,行程是上午从昆明出发,然后到石林参观,下午返回昆明,然后送游客离开,游客在石林的消费基本就是景区门票和一顿午餐。为什么到石林的游客总是行色匆匆呢?在石林景区,一名来自广州的游客告诉笔者,石林县只有石林奇观具有很高的知名度,并没有其他景点可看,而游览石林景区,半天时间已经绰绰有余。正是由于游客停留时间太短,旅游经济的整体优势没有开发出来,石林县的国民经济并没有因为大众旅游时代的到来而获得提升。景观群的培育一方面需要有得天独厚的景观资源，另一方面与旅游目的地建设的思路有重大联系。正如旅游人类学家马康纳所说的那样，任何地方都是潜在的旅游景观，它只是等待着有人不厌其烦地向别人指出，它值得观看。因此，旅游目的地建构的真谛不仅在于开发和利用独特的旅游资源，更需要将可能平庸或者是尚未被人知晓的景观从大地山川中凸显出来。从这方面看，笔者认为正是石林奇观的一枝独秀及其难以替代的旅游价值限制了旅游目的地建构者的想象空间，从而阻碍了建设实践的视野。

与石林不同的是不远之处的L县。这里不仅没有得天独厚的自然景观，而且有"滇东无旅游"的偏见存在，使其错过了发展旅游的黄金时期。但是，发展区域经济的强烈愿望和洪流一般汹涌的旅游大军及其携带的丰富"金沙"激发了L县人建设旅游目的地的灵感和智慧。笔者认为，L县旅游开发的经验便是成功地培育了景观群，在这里游客能看很多，能停留很长时间，至今L县依然在扩大自己的旅游体系，依然在培植更庞大的景观群。其实，这也是L县旅游"青春常驻"的重要原因。

景观群的培育丰富了L县旅游的内涵，从而使游客能够在这里停留较长时间，产生更多的旅游消费。L县景观群带来的旅游经济效应同样可以通过旅行社的行程安排和游客的旅游体验得到充分体现。昆明国际旅行社一名长期从事L县旅游服务的客户经理告诉笔者：

> 到L县旅游的旅行团一般有三天两夜和两天一夜两种行程。第一种的行程安排是：第一天上午从昆明出发前往L县，中午抵达后游览世界最大的自然天成花园及油菜花旅游节主会场；午餐后前往多依河，中途远观十万大山，抵达多依河风景区后参观世界水车博览园、一目十滩及雷公滩，体验两岸古朴浓郁的布依风情，然后品

尝滇东风味食品，并入住酒店休息。第二天早餐后乘车至九龙瀑布群风景区，中途拍摄喀斯特奇观——金鸡峰丛，到达景区游览大约2个小时后，品尝布依农家菜，后赴鲁布革三峡风景区游览1小时左右返回L县。第三天早餐后自由活动，可在农贸市场购物，随后返回昆明。后者的行程安排是：第一天早晨从昆明出发，中午抵达L县后在油菜花旅游节主会场游览，午餐后前往多依河风景区游览并在景区住宿。第二天早餐后前往九龙瀑布群风景区游览，下午选择游览鲁布革三峡风景区，傍晚返回昆明。

事实上到L县旅游的游客更多的是自助游游客，与团队游游客相比他们的脚步更慢。在中源酒店，一名游客向笔者介绍了自己的旅游体验：

> 我们是七个人一起来的，到L县来是因为喜欢这里的山水和闲情，因此，我们准备慢慢地走L县。我们在L县的旅游计划是明天一早到金鸡峰丛拍摄油菜花海以及花海日出的壮丽金色，然后在花海里漫游，等感受够了、体味饱了，再到九龙河风景区去，看看那里的瀑布和流水，看看金色的瀑布与金色的花海交相辉映的景观。然后，我们将在景区附近过夜，听说那里有很好的温泉可泡，享受与大自然亲密接触的快感。后天一早，我们将到鲁布革景区，如果可能我们将乘船游览"小三峡"，看看"小三峡"与三峡究竟有几分相似，然后我们将在那里吃生态鱼，享受渔港小镇的美味与闲适。然后我们将到多依河风景区住宿，参加篝火晚会，感受布依风情，聆听溪水潺潺。

可见，L县已经形成了以油菜花海为景观标志，辅以九龙瀑布群风景区、鲁布革风景区、多依河风景区、"十万大山"等景点的景观群，且这些景观被旅游线路环绕起来，游客遍游这些景点不用走回头路、冤枉路。这极大地丰富了 L 县旅游内涵，盘活了 L 县旅游产业，因此，笔者认为景观群的培育对旅游目的地建构意义重大。

二 休闲圈

如果严格遵守行程、走马观花式的团队旅游寻求的是对差异的体验，是对符号的收集，那么休闲旅游追求的是一种身心彻底的放松。笔者对 100 名游客进行访谈的结果表明，几乎没有游客为了观光而重返一个旅游目的地，但是超过 80% 的游客会因为休闲而重返某一旅游目的地。丽江的旅游实践也充分证明了休闲在游客心中的重要意义：毫无疑问，充满休闲特征的丽江古城和束河古镇是丽江游客最为集中的地方，而笔者在这两个地方的调查表明，丽江古城和束河古镇的游客大都不是第一次到丽江，他们多是到丽江旅游然后为小桥流水吸引的回头客，而这些回头客是不会再去玉龙雪山、虎跳峡、拉市海等旅游景点的，他们只是休闲在古城，享受一种"离开"的乐趣。因此，笔者认为，一个成功的旅游目的地不仅要有绚丽的景观，而且应该是一个让游人流连忘返，让游客朝思暮想并在希望放松身心的时候想得到的地方。由此可见，旅游目的地建构的实践亦是休闲圈建构的实践。

L 县旅游目的地建构的实践越来越体现出休闲圈建构的特征，因此，L 县旅游也不断突破季节性的围困，涌现出新的活力，呈现新的样貌。首先从油菜花旅游说起，"世界最大的自然天成花园"是 L 县旅游凝视物中最为响亮的符号，"花园"自然是用来游玩的，充满着鲜明的休闲特征。也正因为其浓郁的休闲特征，到 L 县看花是不会厌倦的旅行。笔者在金鸡峰丛的访谈中得知，多数受访者都并非第一次到 L 县，在花海中漫游获得的别样体验使他们在每年花开的时候都希望到 L 县看花。如果说花海的边界组成了 L 县旅游的休闲圈，那么密布其间、充满休闲特征的旅游景点可以看作花海中的岛屿,游客在这里能获得别样的体验和身心的放松。

多依河风景区最初触动旅游目的地建构者旅游开发灵感的是"滩头密布,瀑布丛生,古榕参天,翠竹遍地,剔透碧蓝"的自然山水景观。而随着旅游开发的推进,多依河风景区的休闲旅游优势也被不断发掘出来,休闲旅游项目有河道漂流、篝火露营、游泳、泥地橄榄球等,这些均吸引着游客的目光。此外,景区还充分发掘布依族风情旅游的独特优势,发展民族文化旅游。目前最具影响力的是农历"三月三"泼水节,节日期间,赛竹筏、送荷包,热闹非凡,大人祭山祭水,小孩泼水嬉戏,整个景区完全是一幅世外桃源景象,是人们逃避尘嚣的好去处。

九龙瀑布群风景区素有"九龙十瀑,南国一绝"的美誉,这也是景区开发的原初动机。而今天的九龙瀑布群风景区亦是备受青睐的休闲地。首先,不断涌入的外资,在景区周边开发了温泉度假酒店,使人们能在青山秀水间享受来自大地深处、富有微量元素的天然温泉之抚慰。在后现代消费时代,这已经成为广受追捧的旅游模式。其次,"二月二"对歌节已经成为九龙瀑布群风景区的另一旅游品牌。农历二月初二,景区周边的布依族、彝族、苗族青年男女聚集于景区,对歌择偶,热闹非凡,吸引了大量游客。

万峰湖旅游小镇是L县休闲旅游圈建设的点睛之笔。万峰湖是国家重点水电工程——天生桥水电站建成蓄水后形成的人工湖,烟波浩渺,波光潋滟,湖内千座山峰,形成上千岛屿或者半岛,景色十分迷人,故名万峰湖。万峰湖形成的时间虽短,但是已经跻身全国五大淡水湖之列,因其丰富的野生鱼资源获得了垂钓者的青睐,已经成为负有盛名的野钓乐园。依托万峰湖景区丰富的旅游和垂钓资源,以及位于多依河、"小三峡"、九龙瀑布群三个景区旅游闭合线路必经之地的交通优势,L县将万峰湖畔的村庄——乃格,打造成渔港旅游小镇。经过多年努力,乃格已经成为具有亚热带风情的精美小镇。在乃格小镇，游客可以体会垂钓的乐趣、体验布依风情、品尝野生鱼、聆听鸟鸣猿啸，彻底享受"离开"尘嚣的清静。

休闲旅游资源的开发和利用是 L 县旅游"二次创业"的重要方向：L 县正在推进的火车环游油菜花海的项目，以及拟在景区内开发的旅游度假中心彰显的便是休闲特性；以自然景观和苗族文化旅游为主要吸引力的"十万大山"景区，依然突出远离尘嚣、享受宁静的休闲特性。此外，富乐古镇及温泉资源的开发等，亦无不体现出 L 县走休闲旅游开发之路及休闲圈建构的发展战略。

要而言之，休闲圈打造是旅游目的地建构的成功策略。如果 L 县能切实将某一旅游目的地打造成富有吸引力的休闲圈，那么不仅能摆脱季节性影响，而且能使旅游地的生命周期不断延长。

三 文化带

在 L 县旅游目的地建构的实践中，赋予景观文化内涵占据着重要地位，笔者认为 L 县在这一方面的探索比较成功，具有借鉴意义。在赋予景观文化内涵，将旅游目的地打造成文化带方面，L 县主要采取了两种模式。

一是编织神话。如前所说，L 县没有得天独厚的旅游景观，也没有深厚悠远的历史文化，但是，在旅游开发的实践中，旅游目的地构建者为这里的山山水水编织了神话，让原本平凡的山川和流水变成了富有精神性、宗教性和神秘性的地方。在编织神话方面，L 县人一方面发掘、整理了现有的神话，这些成果集中体现在《景区景点传说》一书中。笔者访问了解到，《景区景点传说》一书中的故事基本是作者深入民间了解到的，是比较朴实的民间传说。这些故事整理发掘以后在一定范围内进行了传播，并作为"导游词"向游客介绍，在一定程度上赋予景区景点文化内涵，使 L 县成为一个具有丰富内涵的文化场。

《景区景点传说》一书中整理刊登的民间故事比较质朴，审美效果不够好，而且没有关于油菜花的传说。而作为旅游标志物的油菜花怎么能够没有传说呢？怎么能够没有文化内涵呢？于是，L 县人开始创作新神话，运用丰富的想象力对景点传说加以改造。为了赋予油菜花以文化内涵，L 县文人创造了一个神——菜花仙子，创造了一个凄美而悲壮的故事——《太阳三姑娘》，从而创造出一种新的景观特性，让漫游花海的人们超越自身，获得一种神性的想象。与《景区景点传说》忠实于民间传说的风格不同，《太阳三姑娘》是一个全新的文化再创造，故事以"太阳三公主"这一人物的塑造为线索，将几乎所有景区景点的传说都串联起来，形成了一个完整的故事，使 L 县的景区景点成为一个具有内在神韵联系的文化场。在《太阳三姑娘》中，几乎所有景区景点的传说都被进行了重新创作，其总体特征是故事情节变得更加复杂，感染力显著增强，且紧紧围绕太阳三公主——菜花仙子展开，凸显了油菜花在 L 县旅游中的重要地位。

二是强化旅游景观的"他性"。在旅游目的地建构实践中，L 县不断强化地方文化的多样性、族群性和地方性特征。布依风情是 L 县重要的旅游产品之一，几乎在所有景区景点中，都注入了布依风情的影子。多依河风景区与腊者布依族民族文化村已经成为一个相互依存的景观体系，到多依河风景区的游客都会到腊者村看一看，腊者村的开发也增强了多依河风景区的旅游吸引力。此外，祭山、祭水、民族歌舞、"三月三"泼水节、"二月二"对歌节等民族文化旅游项目的开发也突出了旅游景区的文化特性。再有，L 县积极推进的"十万大山"景观系列将原汁原味的苗族文化作为重要的旅游产品进行开发，这必将提升 L 县旅游的文化内涵。

文化建构的过程是一个互动的过程，是符号创造者与接收者之间互动进而产生认同的过程,如果没有受众的认同,文化建构将变得毫无意义。在不断建构新的文化符号的同时,L县还独辟蹊径传播生产出来的文化符号,使这些文化符号被认同,于是文化活了。在传播文化方面,L县一方面以一年一度的油菜花旅游节为载体,通过花车巡游、明星歌唱等途径,强化"菜花仙子"这一文化符号;另一方面排练并演出了大型舞台剧《太阳三姑娘》,将经过再创造的所有景区景点传说搬上舞台。舞台传播的效果是巨大的,它使景观变得生动,而且强化了人们的记忆。《太阳三姑娘》演出30余场,已经将大量文化符号深深地播撒在众多游客和广大民众的心中。在田野工作中,只要被问起,L县人总能说出一些美丽的传说,仿佛他们就生活在神话中。

四　符号丛

在英国社会学家约翰·尤瑞看来,如潮水一般汹涌在世界各地的旅游者是收集符号的大军,他们在全世界翻找各种标志。[①] 在旅游取向日益多元化的今天,约翰·尤瑞的观点已经越来越显得不那么具有解释力,但是符号建构对旅游目的地建设的意义依然至关重要。

笔者认为,L县旅游目的地建构的实践正是不断生产和建构符号的实践。1999年九龙瀑布群景区被云南省旅游局评为首批云南省优秀旅游景区;2001年中国保护消费者基金会、中国风景名胜区协会授予九龙瀑布群景区、多依河景区、鲁布革三峡景区全国保护旅游消费者权益示范单位;2002年油菜花海被上海大世界基尼斯总部授予"世界最大的自然天成花园"称号;2003年九龙瀑布群景区被国家旅游局评为4A级旅游区,多依河风景区被国家旅游局评为3A级旅游区;2004年鲁布

---

① 〔英〕John Urry:《游客凝视》,杨慧、赵玉中、王庆玲、刘永清译,广西师范大学出版社,2009。

革水电站、油菜花海被国家旅游局评为首批全国工农业旅游示范点；2005 年九龙瀑布群被中国科学院地理科学与资源研究所中国地理学会评为中国最美的瀑布，峰林被评为中国最美的峰林；2006 年油菜花旅游节在第三届中国会展（节事）产业年度评选活动中被评为中国节庆 50 强，同年 L 县被评为中国优秀旅游名县和中国文化旅游大县；2007 年被品牌中国评为中国（县域旅游）品牌百强县，九龙瀑布群景区、多依河风景区和油菜花海被评为中国（县域旅游）品牌百强景区，九龙瀑布群景区荣获中国（县域旅游）品牌景区十强提名奖，同年油菜花旅游节被评为中国最具影响力的旅游节庆活动和全国十大花卉类节庆；2008 年被评为云南省旅游强县；2010 年油菜花旅游节在上海世博会中国节庆高峰论坛上入选中国最具魅力的七大节庆活动，同年 L 县被品牌中国评为中国（县域旅游）品牌目的地，九龙瀑布群景区荣获中国（县域旅游）品牌百强景区。

这些符号的生产和传播，吸引着翻找符号的旅游大军从全国各地而来。在继续推进旅游目的地建构的实践中，L 县还在根据游客的喜好生产着各种符号，整个 L 县将成为更大的符号丛。

第三节　景观神圣化

毫无疑问，旅游目的地建构的核心是景观建构，而景观建构重在神圣化。关于景观神圣化的问题，美国著名人类学家迪安·麦坎内尔做过比较深入的研究。[①] 麦坎内尔的研究沿着两条线展开：一是为什么要对景观进行神圣化；二是怎样实现景观神圣化。对于第一个问题，麦坎内

---

① 〔美〕Dean MacCannell：《旅游者：休闲阶层新论》，张晓萍译，广西师范大学出版社，2008。

尔的回答是："现代景点，很少有像'七大奇迹'那么明显地体现出重要的社会价值……所以，要在现代世界使景观神圣化，常常需要有强大的制度做支柱。"对于第二个问题，麦坎内尔提出景观神圣化的"五阶段论"：一是景观作为值得保存的文物从相似物体中分隔出来；二是建构框架和精品展览；三是"文物"珍藏；四是圣物的机械复制，如印刷品、照片、模型或物体的肖像等创造物的复制；五是社会复制，即团体、城市或地区为景观命名。笔者认为，麦坎内尔的理论在景观构建中富有解释力，但也有可以进行修正的地方。

以L县旅游目的地建构实践为案例，景观神圣化从三个阶段推进。一是"分隔"阶段，即麦坎内尔所说的将"景观作为值得保存的文物从相似物体中分隔开来"。这一"分隔"的过程经历了整理旅游资源调查文本、专家评议和筛选等多个步骤，最终多依河、鲁布革三峡、九龙瀑布群从L县山川河谷中脱颖而出。二是"展示"阶段，即麦坎内尔所说的"建构框架和精品展览"阶段。对于某一景区而言，"框架"在哪里呢？笔者认为是有形或者无形的围墙，而"框架"建构的过程便是景区建设的过程。以鲁布革三峡景区的建构为例，将这一"圣物"保护起来并进行精品展示的"框架"不仅是有形的景区大门，也包括作为游览景区交通工具的游船。概言之，将景观神圣化的"框架"可以是有形的围栏，也可以是其他抽象的限制，它们是一道防线，将景观保护起来，以便获得门票收益，同时也增加了景观的神圣性。三是"复制"阶段，即麦坎内尔所讲的"圣物的机械复制"。景观的机械复制是人为的，是旅游宣传的重要手段，通过旅游景区的精美图片、唯美传神的景区文字描述等对景观进行复制和传播，可使观光者动身寻找真实的景观，景观的旅游审美价值便体现出来。"社会复制"阶段并非景观建构的必然阶段，而是强化景观神圣性的过程，而且只有真正具有重大价值的景区景点，才能获得社会复制。景观的社会复制在大众旅游时代体现得更加明显,就云南的情况来看,路南县更名为石林县、中甸县更名为香格里拉县等,都体现了旅游建构中的社会复制原理。当然,所谓社会复制很多时候并非学理性的,其中体现了地方政府的浮躁心理,因为地名背后往往具有深厚的文化背景,而以旅游景区命名总有割断文化情感的嫌疑,从而也多受诟病。麦坎内尔所言的"珍藏"阶段,笔者认为在景观建构中的理论分析意义不大,因为"景观"之所以从山川田园中分隔出来,意义正在于让旅游者参观和审美,如果珍藏起来,景观将失去其意义和价值。麦坎内尔的"五阶段"论还遗漏了对景观神话化的考虑,事实上,将景区涂上神话的色彩也是景观建构的重要途径。在L县旅游目的地建构实践中,追寻神话的脉络并用神话凸显景观的神圣性占据着十分重要的地位。

L县旅游目的地建构实践也对麦坎内尔的理论提出了挑战。对麦氏理论提出挑战的正是L县的旅游标志物——油菜花海的建构。花海景观的建构自然经历了"分隔"阶段,但L县委、县政府决定将油菜花海作为旅游凝视物进行打造的时候,油菜花就从自然物抑或是农作物中分隔出来,成为具有审美价值的旅游凝视物。但油菜花海是没有"框架"的,是不用作为"圣物"封闭起来进行精品展示的,相反,它要营造的是一种无边无际、遍地金黄的花海形象。于是,麦坎内尔的理论在解释油菜花海景观的时候遇到了问题。在油菜花景观的神圣化过程中,L县在使用传统的机械复制手段展示花海之美的同时,通过油菜花旅游节的方式,利用名家的影响力和各种社会符号扩大油菜花海的影响力,不断提升景观神圣性。正是通过这些手段,油菜花实现了从传统农作物向旅游凝视物的转变。

以麦坎内尔的理论分析L县旅游目的地建构实践:景观建构的过程即为景观神圣化的过程,其基本途径是将具有审美价值的"景观"从普通相似物中分隔出来;将"景观"作为精品展示,供人参观;通过旅游宣传，让神圣化的景观深入人心。然而，对于诸如油菜花海之类的景观，神圣化的途径却不一样，原因在于这类景观并不需要被"圈养"起来，供人参观，其神圣化是通过名人效应、媒体放大、神化生产来实现的。

第四节　动态的进程

大众旅游作为一种社会文化现象，犹如一枚硬币的两面，直观地反映着社会心理及文化的变迁。毫无疑问，不同的社会文化发展形态必然有不同的社会心理与之对应，而在旅游的透镜中，不同的社会心理总是通过不同的旅游需求显现出来。这决定了旅游目的地建构实践必然是不断适应社会审美情绪变化的动态进程。

一　社会审美变迁的基本趋势

回顾改革开放以来中国旅游目的地建构的实践，笔者认为随着经济社会不断发展，社会旅游审美情绪呈现从文化景观主导向自然景观主导再向休闲旅游主导转变的趋势。

1. 文化景观主导期

众所周知，中国旅游业是在改革开放后作为增加外汇收入的重要手段而拉开帷幕的，初期的主要目标客源是海外游客，而中国5000年辉煌灿烂的文化自然是最具吸引力的旅游标志物。因此，在旅游发展初期，中国旅游目的地建构的指导思想是开发名胜古迹。这一时期，中国旅游目的地主要集中在文化底蕴比较深厚、具有丰富文化资源的城市。从旅游开发的模式来看，这一时期主要是挖掘利用历史文化资源，配套建设相应的旅游设施。

早在1961年，我国就开始对文物进行保护，而且公布了第一批全

第六章　结论：旅游目的地建构的基本模式 | 171

国重点文物保护单位，并按照"修旧如旧"的原则，对许多著名的古建筑、古园林、石窟寺等历史文物进行了修葺和保护，如河北赵州安济桥，北京八达岭长城、明十三陵、明清故宫、颐和园、北海，承德避暑山庄和外八庙，天津蓟县独乐寺，山西太原晋祠、应县佛公寺释迦塔，江苏苏州拙政园、留园，上海豫园，杭州六和塔、灵隐寺，山东曲阜孔庙、泰安岱庙，河南白马寺、登封嵩岳寺塔、古测景台，湖北武当山金殿，湖南岳阳楼，云南大理崇圣寺三塔，成都武侯祠、杜甫草堂，拉萨布达拉宫、大昭寺等以及各地较为著名的历史古迹都得到了修缮。此外，国家也对部分历史上著名的风景名胜区进行了恢复，如杭州西湖风景名胜区内疏浚了西湖、营造了风景林；桂林漓江风景名胜区内清理了桂林到阳朔的航道、组织了风景区规划，为恢复"甲天下"的景色创造了条件；泰山风景区内修复了登山道路、开辟了游览公路、增设了服务设施，使游客游览泰山更为方便。这些成为中国旅游的"家底"，为我国旅游开发准备了较好的硬条件。

但是，仅有名胜古迹还不足以进行旅游开发，建立起集交通、游览、住宿、餐饮、购物和娱乐于一体的旅游生产力体系，才能使名胜古迹的旅游经济价值充分彰显。为此，中国政府在"六五"期间由国家投资和积极利用外资兴建了一批旅游饭店，我国旅游事业的基础服务设施建设工作拉开了序幕。到1988年，北京、上海、广州、杭州、西安、桂林等重点旅游城市的旅游饭店已经基本能满足旅游事业发展需要。同时，"六五"期间，国家还将用于旅游基本建设投资的一部分资金用于风景区内的游览设施建设，不断改善游览环境、提高游览质量。结合这一时期以文化旅游为主的发展战略，旅游基础设施建设也集中在文化遗迹比较集中的地区，因而形成了北京、上海、广州、海南、西安、桂林、杭州、江苏（南京、苏州）等重点旅游城市和旅游地区，并集中人力、物力、财力，有计划地把这几个重点旅游城市和地区的旅游资源建设项目和系统配套工程同步建设好，以改善其综合接待能力。① 这说明，这一阶段从旅游投资来看，主要是支持文化资源的开发。

2. 自然景观主导期

经过了一段时间的改革开放，中国经济社会条件有了明显的改善，国内旅游市场空前活跃起来，民众的旅游审美需求也发生了相应的变化，此时中国旅游目的地建构实践呈现由文化景观主导向自然景观主导变迁的趋势。

"七五"期间旅游事业发展规划不仅确定了要重点建设北京、上海、广州、西安等旅游城市，而且将西藏高原、丝绸之路、长江三峡、中原旅游区、山东半岛旅游区、云贵川旅游区、厦门—泉州—福州—武夷山旅游线路、南昌—景德镇—京九旅游线路、湘西武陵源风景区、川西九寨沟—黄龙寺风景区、山西大同—五台山旅游线路和东北旅游区、内蒙古草原旅游区等15处旅游资源区或旅游线路确定为第二类旅游资源开发建设项目的主要内容，形成了重点突出、区域和路线相结合的开发建设格局。"八五"以后，有条件的省、自治区、直辖市纷纷将旅游业作为支柱产业来抓，并结合地方实际，探索发展地方特色旅游，建构有利于地方的旅游凝视物，形成了诸多特色旅游项目。

1992年以来，中国地方旅游目的地建构最鲜明的特点就是西部省区原生态自然风光旅游与民族文化旅游的兴起。内蒙古形成了以呼和浩特为中心的西部旅游区，主要景点包括格根塔拉草原、希拉穆仁草原、辉腾锡勒草原、成吉思汗陵、五当召、昭君墓等，是集中体现内蒙古中西部草原、沙漠、古迹、民俗的国家级旅游路线；以海拉尔为中心的东部旅游区，主要向游客推介呼和诺尔草原风情游、牙克石狩猎游、满洲

---

① 李亮：《旅游资源开发利用及保护》，载《中国旅游年鉴（1990）》，中国旅游出版社，1990。

里国门游等旅游项目,已成为蒙古族、达斡尔族、鄂伦春族、鄂温克族民族风情和欣赏异国情调的自治区级旅游路线。四川省形成了以成都为中心,连接乐山、峨眉山和九寨沟、黄龙等景区的西部旅游区。其中"童话世界——九寨沟"和"人间瑶池——黄龙"被评为世界自然遗产,从而成为广受游客凝视的旅游目的地。四川旅游资源种类丰富,得天独厚,在中国旅游胜地四十佳中,四川占了七佳,其在中国旅游中的地位由此可见一斑。贵州形成了以贵阳为中心,以自然风光为主、民族风情为辅的贵州西部旅游区,以民族风情为主、自然风光为辅的东部旅游区,以遵义历史名城、国酒茅台为主要特色的北部旅游区,以水族、瑶族风情及喀斯特原始森林为优势的南部旅游区。西藏是一片神秘的土地,进入西藏处处是景,西藏随之成为游客梦寐以求的旅游目的地。

3. 休闲旅游主导期

随着社会经济文化的不断发展,旅游者拥有的闲暇时间和可自由支配的经济收入越来越多,于是,以"离开定居地,到异地逗留一段时期"为特征的休闲旅游不断发展,成为中国旅游发展的新动向。于是,国内几乎所有旅游目的地都开始开发休闲旅游资源,以增强旅游目的地的吸引力。笔者以云南旅游产业发展为视角,透视这一旅游现象。

奇山秀水、多彩文化、绚丽风情是云南旅游开发的独特优势,在以名胜古迹为重要旅游标志物的中国旅游开发第一浪中,云南屈居于第二类。随着社会旅游审美情绪的变化,自然景观逐渐成为旅游审美的重要追求,于是在国家资金和政策的支持下,云南获得了宝贵的旅游发展机遇,成为全国最为重要的旅游目的地之一。随着休闲旅游审美需求的不断凸显,云南在旅游体系建构中不断加入休闲旅游的元素,出现了三个显著特征。一是由观光型旅游向观光度假型旅游转变。这体现在大量旅游度假区的涌现上,仅在1993年,云南全省就先后建立了一个国家级(昆明滇池)和五个省级(阳宗海、大理、西双版纳、丽江、抚仙湖)

旅游度假区。二是节庆旅游开始成为特色旅游产品。节庆旅游的出现，说明旅游地更加积极主动地投入旅游目的地建构中，以一种更为主动的姿态建构旅游凝视。这一时期，举办的节庆活动主要有文山国际三七节、西双版纳国际茶王节、中国普洱茶叶节、云南民族风情国际旅游摄影艺术节等，在一定程度上扩大了云南的旅游影响力。三是地热旅游资源开发迅猛。这一时期，云南旅游发展中最为明显的标志就是休闲旅游发展势头强劲，以 2007 年为例，全省新建设的旅游景区中，大理地热谷、阳宗海柏林温泉 SPA、龙陵县邦腊掌温泉 SPA、安宁温泉国际会议中心、腾冲火山运动休闲公园等都属于休闲类景观，占全年新建旅游项目的 30% 左右。

概而言之，易变的旅游审美总是对旅游目的地提出新的要求，如果不能适应这些要求，即便曾经盛极一时的旅游目的地也会被游客抛弃，难逃衰败的命运。在流变的社会旅游审美作用下，国内不少旅游目的地繁华过尽而归于沉寂，一些旅游目的地却依然游人如织，其中的奥秘正在于是否敏锐地捕捉到社会旅游审美的变迁并相应地推进旅游目的地建构。

二 旅游审美变迁的动因

旅游审美是旅游主体在旅游活动中在精神享受上的需求。旅游审美总处于不断的变化之中，这是因为旅游客源地经济社会状况总在不断变化，而这种变化必然对旅游目的地产生深刻影响。旅游与客源地社会之间的关系已经引起了众多学者的关心：英国社会学家约翰·尤瑞认为，去思考一个社会群体怎样建构自己的旅游凝视，是理解"正常社会"中发生着什么的一个绝妙途径……我们可以利用差异的事实去质疑"正常世界"；汉密尔顿·史密斯认为，应将旅游与客源地社会相联系，并将旅游动因归结于后者。反观之，要切实开展好旅游目的地建构，必须深刻了解旅游目的地社会心理变化，并确保其旅游商品真正契合游客的旅游审美情绪。分析中国旅游产业开发以来的社会经济文化变迁，笔者认为中国旅游审美变迁的动因在于以下三方面。

1. 经济条件不断改善

十一届三中全会以来，中国在经济、政治、文化等各方面不断研究新情况、总结新经验，制定了一系列新的政策，发展旅游业正是这一系列新政策中的重要内容之一。一系列新政策使国内生活水平不断提高，也为旅游业的发展创造了重要条件。有关资料显示，在1978年，我国职工家庭每年每人可用于生活的收入为316元，到1982年已经增长到500元，增长率为58.2%。[①] 这一时期，我国国民基本处于温饱水平，以1982年为例，职工家庭平均每月每人现金收入仅为44.61元，而用于生活费支出的就高达39.25元，人均储蓄仅为66.5元。[②] 在这样的经济条件下，旅游只能是一种幻想。而国民经济回暖的趋势一直保持着，到1999年，全国城市居民人均可支配收入高达5854元，消费支出为4616元，剩余资金为1200余元，这为旅游业的发展创造了良好的资金条件。与不断增长的国民可支配收入相对应，1999年，我国国内旅游总人数为9.19亿人次，国内旅游总收入达2831.92亿元人民币，出游率高达57.6%。此外，出境旅游业不断发展，1999年，我国出境旅游人数为923.24万人次。2006年，我国城镇居民人均可支配收入继续增长，达到11759元，城乡居民消费支出持续增长，居民消费结构进一步优化升级，住房、汽车、通信、旅游等消费热点继续发展。其中旅游消费发展较快，全年国内出游人数达到13.9亿人次，国内旅游总收入为6230亿元，增长近18%。[③] 由此可见，国民经济的回暖是旅游业发展的

---

① 《中国经济年鉴 (1983)》，第3~40页。
② 《中国经济年鉴 (1983)》，第3~41页。
③ 《中国经济年鉴 (2007)》，第50页。

基础，没有这一决定性的要素，中国旅游是不可能发展的。也正是在这样的社会氛围中，云南旅游才能抓住机会，不断发展壮大。

2. 闲暇时间增多

对于中国公民而言，"休息"一度是非常奢侈的概念，但随着社会经济的发展，公民的休息权利不断得到尊重，国民拥有了越来越多的休息时间，从而为旅游发展创造了很好的条件。从制度变迁的角度来看，休假制度变迁是一种诱导性变迁，是制度安排层面的创新，是政府结合政治经济文化发展情况而制定的一种"休息"制度。从世界范围来看，从1890年瑞士首先实行周休假制度以来，休假已经有超过一个世纪的历史，而且在不断变化，变化的总体趋势为：假期从短到长，从不规则休假到制度性规则休假，从不带薪休假到带薪休假。

从中国的情况来看，官员自汉唐以来就形成了比较严格的休假制度，新中国成立后，"带薪休假"写入法律。我国《宪法》第43条规定："国家发展劳动者休息和休养的设施，规定职工的工作时间和休假制度。"按照《宪法》规定，当时我国实行每周单休制度，但是由于缺乏具体的制度，这一规定并未得到很好的贯彻落实。这种状态一直持续到1991年中共中央、国务院印发的《关于职工休假问题的通知》出台。《通知》规定，"党中央、国务院决定，从今年起，各级党政机关、人民团体和企事业单位，可根据实际情况适当安排职工休假"，从制度上恢复了劳动者休假权利。但是，由于只有一天时间，而且我国社会经济发展水平不高、生产力相对低下，广大劳动者没有太大的经济能力投入旅游消费。因此，这一时期，中国旅游以事业接待型和外国游客为主，国内旅游市场发展异常缓慢。1994年，国务院对休假制度进行了调整，规定职工每周的工作时间平均为44小时，也就是每周工作五天半。有些地区根据国务院精神，创造性地实施大小周末制度，大周末休息2天，小周末休息1天。这种制度在一定程度上促进了中国国内旅游的发展。1995年,国务院再次调整了职工工作时间,规定职工每周工作不超过40小时,每周休息两天的双休日制度从此建立。1995年1月1日实施的《劳动法》第45条规定:"国家实行带薪休假制度。劳动者连续工作1年以上的,享受带薪休假。"这些对促进旅游业的发展具有重要意义。而真正将中国旅游推向高峰的是"黄金周"制度。"黄金周"是指中国境内春节、国庆节每节连续七天带薪休假的制度。1999年,国务院修订《全国年节及纪念日放假办法》,决定在全国实行"黄金周"休假制度。这一制度对中国旅游产业的发展起到了极大的带动作用,也刺激了休闲度假旅游的发展。

3. 后现代思潮影响

20世纪80年代,后现代思潮已经成为一种世界性的哲学思潮并深刻地影响着人们的生活方式。按照后现代哲学家的观点:从社会特征来看,后现代社会对应于后产业社会,是科学技术与信息技术高度膨胀和泛滥的新时代;从知识特征来看,后现代社会的一切知识都被数字化、符号化和商品化;从文化特征来看,传统文化的原有意义被大面积颠覆;从心态和思维模式特征来看,后现代社会所要表达的是一种不确定性的精神状态和思想品位;从生活方式上看,后现代社会生活方式的特征是游戏式的生活。现代中国的特殊性在于:新中国成立以前,半殖民地半封建社会的中国处于内忧外患中,社会发展畸形,精神萎靡,几乎淡出了社会潮流;新中国成立后,特别是改革开放之后,国门开启,经济振兴,重新进入社会潮流之中。因此,笔者认为,在改革开放以来的30余年里,中国社会完成了从前现代到后现代的发展。

中国旅游产业是伴随着改革开放的步伐不断推进的,因此必然打上深刻的时代烙印。现代旅游从本质上讲是一种以获得心理快感为目的的审美过程和自娱过程,其基本属性是消费性、休闲性和社会性。结合社会特征,笔者认为现代旅游者的旅游体验遵循着地理学、人类学和民族志的理性化路径，其经验结果表现出标准化的趋势和要求。科学化、标准化、理性化的现代旅游可以方便地复制、传递、交流和比较，正适应了现代社会福特式刚性生产结构的基本要求。随着旅游活动走向大众化，规模和本钱成为现代旅游业关注的焦点，旅游消费的功利主义表现得淋漓尽致。然而科学化、标准化、理性化的历程却埋没了旅游经验的个性特点，使旅游活动失去了其本质内涵。总之，现代旅游在唤起旅游者人性的同时，却埋没了旅游者的个性和旅游地的真实性。

后现代旅游是对前现代旅游在休闲、交往和审美中表现出的工具理性和功利主义的严厉批判后提出来的一种旅游新主张。它的实质是以一种开放的、自由的、游戏的形态对待旅游中的多元文化、多种选择和多种路径，来破解现代旅游的公共性，剥掉其商品化的外衣，使其重新回到本来面目，重建休闲、交往和审美的经验论本质——在对外界不可预知的尝试中体验生命的色彩，从而重建旅游的想象力和创造力。因此，后现代旅游消费必然出现消费需求的情感化：人类即将迈进后现代社会，传统大众旅游产品已无法激起旅游消费者的消费动机，后现代旅游消费者更加关注产品和服务与自我的密切程度，偏好那些能与自我心理产生共鸣或能实现自我价值的产品和服务；消费内容的个性化，在大众旅游时代，随着旅游者的旅游经验日益丰富，对旅游产品和服务更加挑剔，传统的标准化产品和服务已让旅游者感到厌倦，他们开始追求能彰显个性的旅游产品和服务，如具有个性化、参与性强的登山旅游、探险旅游、专题旅游等；消费价值的体验化，从消费的价值目标来看，后现代旅游者不再满足于被动地接受旅游企业的产品和服务，而是主动地参与产品的设计与制造。

笔者认为，相对宽裕的经济条件、不断增加的闲暇时间以及后现代旅游思潮是旅游审美不断变化的动因。经济条件的改善和闲暇时间的增多为旅游形式的不断丰富提供了必要条件，而不断变化的社会心理是旅游审美不断变迁的心理因素，它们共同促进了后现代旅游审美时代的来临，并对旅游目的地建构提出新的要求。

第五节 小结

谈到旅游目的地建构，似乎无法回避旅游地"生命周期"理论。虽然这一理论的解释和预测效能尚有很大争议，但笔者认为这一理论具有一定的合理性。之所以具有合理性是因为其比较准确地揭示了将旅游目的地建构实践视作一个动态进程的重要性。某一旅游目的地之所以能从衰落期走向复苏期，原因正是不断挖掘新的旅游资源和旅游符号，为衰落的旅游目的地注入新的活力。当然，巴特勒对旅游目的地生命周期的预测又有失偏颇，笔者认为作为旅游目的地建构主体，如果能够准确把握不断变化的社会旅游审美，并不断丰富旅游内涵，那么旅游目的地将不会走向停滞和衰落的境地。笔者认为，L县旅游目的地建构实践是小地方建构旅游体系的成功范例，也是印证和修正"巴特勒周期"的范例。

L县旅游目的地建构实践是一个动态的进程，其动态属性确保了旅游活力长盛不衰，并实现了较好的旅游经济收益。对L县旅游目的地建构的实践可以做如下概括。

旅游开发初期，L县以自然山水景观作为旅游标志物，重点开发鲁布革三峡、多依河、九龙瀑布群等景区。毫无疑问，如单就自然景观而言，L县并没有进行旅游开发的优势，也不可能成为在全国具有影响力的旅游目的地，因为"小三峡"的雄奇险峻无法与三峡相比，而且三峡已经名满天下；多依河的旖旎秀丽，也不足以吸引游客跨山越水而来；九龙河的瀑布与闻名遐迩的黄果树瀑布相比依然稍逊风骚，特别是在前者已经闻名遐迩的情况下，九龙瀑布群的吸引力更加有限。因此，开发初期，L县旅游并没有获得太多的游客凝视，只有周边地区的游客会前来游览，旅游产业发展处于低谷。面对不温不火的旅游产业，L县人进行了深入反思，想到了满地金黄的油菜花，并将其作为旅游标志物大张旗鼓地宣传。以油菜花海作为旅游标志物的L县旅游目的地建构获得了极大成功，L县旅游从此迈入新时代。当油菜花海如灿烂的火炬照亮了L县旅游的时候，旅游目的地建构者依然不断深化多依河风景区、九龙瀑布群景区等景观建设。当游客还在疯狂追捧油菜花海的时候，L县人已经预先感觉到了旅游审美情绪的变化，并不断挖掘更加适合后现代旅游审美的旅游潜力，进一步推进了旅游目的地建构。针对后现代旅游消费需求情感化、消费内容个性化、消费价值体验化、消费方式主动化的特征，L县在三个方面推进旅游目的地建设：一是继续营造"花海"景观，继续做好油菜花海的培育工作，并启动了打造万寿菊花海和红高粱景观来创造另一番美景的工程；二是在多依河风景区、九龙瀑布群景区、鲁布革三峡等景区建设过程中强化游客参与性强的休闲旅游资源，丰富景区旅游内涵；三是继续开发布依族文化、苗族文化等民族文化旅游资源，让游客能够融入民间并体验差异。

综上所述，L县旅游目的地建构的实践给我们的启示是：第一，旅游标志物是旅游目的地的灵魂，只有树立了具有独特性并能够唤起人们的旅游愿望的标志物，旅游目的地才能获得游客凝视，才能活起来；第二，旅游目的地只有成为景观群、休闲圈、文化带、符号丛，才能更富活力，才不易为不断变化的旅游审美边缘化和遗忘；第三，旅游目的地建设必须作为一个动态的进程不断推进，才能适应新的旅游需求，永葆活力。如果做到以上几点，旅游目的地将会呈现良性发展的状态。

参考文献

〔美〕Clifford Geertz:《文化的解释》,韩莉译,译林出版社,1999。

〔美〕Dean MacCannell:《旅游者:休闲阶层新论》,张晓萍等译,广西师范大学出版社,2008。

〔英〕John Urry:《游客凝视》,杨慧、赵玉中、王庆玲、刘永青译,广西师范大学出版社,2009。

〔美〕L. 辛厄:《"原始赝品"、"旅游艺术"和真实性的观念》,章建刚译,《世界哲学》1995年第S1期。

〔美〕Nelson Graburn:《人类学与旅游时代》,赵红梅等译,广西师范大学出版社,2009。

〔法〕Pierre Bourdieu:《实践感》,蒋梓骅译,译林出版社,2003。

〔澳〕Trevor Sofield、徐红罡:《旅游与人类学:研究与实践》,《思想战线》2008年第4期。

〔英〕阿诺德·汤因比:《历史研究(上、下)》,郭小凌等译,上海人民出版社,2010。

〔英〕安东尼·吉登斯:《现代性的后果》,田禾译,译林出版社,2000。

白光润、李仙德:《后现代旅游探析》,《旅游科学》2007年第3期。

白杨:《旅游真实与游客》,《桂林旅游高等专科学校学报》2006年第3期。

陈钢华:《关注旅游规划中的知识产权问题》,《旅游学刊》2008年第

8 期。

陈晓亮：《关于旅游规划中若干理论问题的讨论》，《甘肃农业》2006 年第 12 期。

戴学锋：《对旅游规划中统计分析的一些看法》，《旅游学刊》2003 年第 3 期。

〔美〕丹尼尔·贝尔：《后工业社会的来临——对社会预测的一项探索》，高铦、王宏周、魏章玲译，新华出版社，1997。

〔美〕丹尼逊·纳什：《旅游人类学》，宗晓莲译，云南大学出版社，2004。

丁武军：《红色旅游研究的文化人类学视野》，《江西社会科学》2005 年第 9 期。

范菊华：《对建构主义的解析》，《世界经济与政治》2003 年第 7 期。

范业正、胡清平：《中国旅游规划发展历程与研究进展》，《旅游学刊》2003 年第 6 期。

费孝通：《乡土中国》，上海人民出版社，2006。

高丙中：《民族志发展的三个时代》，《广西民族学院学报》（哲学社会科学版）2006 年第 3 期。

高丙中：《人类学反思性民族志研究：一个范式的六种尝试》，《思想战线》2005 年第 5 期。

高丙中：《人类学国外民族志与中国社会科学的发展》，《中山大学学报》（社会科学版）2006 年第 2 期。

高路加：《创建中国旅游人类学学科刍议》，《旅游学刊》2003 年第 7 期。

耿占春：《人文思想的实践或消费》，《天涯》2006 年第 5 期。

龚德全：《后现代语境中的民族志生产：一个困惑的追求》，《广西民族研究》2009 年第 3 期。

龚锐：《从异域到本土——旅游人类学的西学东渐述评》，《贵州民族学院学报》（哲学社会科学版）2006年第4期。

光映炯：《旅游人类学再认识——兼论旅游人类学理论研究现状》，《思想战线》2002年第6期。

郭来喜：《中西融通互鉴　加快旅游规划体系建设》，《国外城市规划》2000年第3期。

郭丽华：《基于利益相关者的旅游规划优化模式研究》，《云南财经大学学报》2006年第5期。

何光暐：《新世纪　新产业　新增长——旅游业成为新的经济增长点研究》，中国旅游出版社，2000。

何光暐：《中国旅游业50年》，中国旅游出版社，1999。

黄福东：《旅游、人类学与中国现实的有关理论浅述》，《广西民族研究》2005年第1期。

黄惠焜：《调整视角——让文化人类学积极介入云南旅游资源的开发》，《云南民族学院学报》（哲学社会科学版）1995年第3期。

黄向：《跨大行政区域旅游规划应突破〈旅游规划通则〉》，《旅游学刊》2008年第8期。

稂艳玲：《文化人类学视野下的旅游线路设计——以广东五大旅行社为切入点》，《桂林旅游高等专科学校学报》2007年第1期。

雷欣荣：《从张贤亮的出卖"荒凉"说开去——谈旅游规划中的点子》，《旅游学刊》1999年第5期。

李柏文：《旅游"废都"：现象与防治——基于云南国家级口岸打洛镇的实证研究》，《旅游学刊》2009年第1期。

李飞跃、董玉明：《试论我国旅游规划的法律调整》，《经济问题》2006年第4期。

李国平、李源、叶文：《旅游规划的价值取向探讨》，《云南师范大学学报》（自然科学版）2002年第3期。

李蕾蕾：《介绍西方旅游规划的一种新趋势》，《人文地理》1998年第1期。

李立：《小说化：民族志书写的一种可能性》，《云南民族大学学报》（哲学社会科学版）2006年第5期。

李强：《理论与实践：旅游规划编制结构的比较研究》，西安建筑科技大学硕士学位论文，2001。

李天元：《旅游学概论》，南开大学出版社，2000。

李应军：《民俗旅游开发中的文化商品化与文化真实性问题探讨》，《文史博览》2006年第10期。

李肇荣：《关于旅游规划中商业行为的思考》，《桂林旅游高等专科学校学报》2002年第2期。

李志飞：《甲方期待与乙方执著：旅游规划中的博弈》，《旅游学刊》2008年第7期。

廖杨：《旅游工艺品开发与民族文化商品化》，《贵州民族研究》2005年第3期。

廖杨：《旅游人类学：旅游学与人类学的交叉渗透》，《贵州民族研究》2004年第4期。

廖杨：《象征符号与旅游工艺品中的民族文化认同》，《民族艺术研究》2006年第2期。

刘丹萍：《旅游凝视——中国本土研究》，南开大学出版社，2008。

刘锋：《旅游系统规划——一种旅游规划新思路》，《地理学与国土研究》1999年第5期。

刘锋：《新时期中国旅游规划创新》，《旅游学刊》2001年第5期。

刘杰：《论提高旅游规划质量的几个问题》，《地理学与国土研究》1994年第4期。

刘旺、杨敏：《比较优势、竞争优势与区域旅游规划》，《四川师范大学学报》(社会科学版)2006年第4期。

刘纬华、肖洪根:《对西方旅游社会学研究中新迪尔凯姆学说的分析与思考》,《旅游论坛》1999年第S2期。

刘晓明:《对旅游规划热的冷思考》,《特区经济》2005年第6期。

卢自力:《论旅游规划的人本主义原则》,《商业时代》2005年第2期。

陆军、潘善环:《多维视野中的民族旅游开发》,《桂林旅游高等专科学校学报》2003年第5期。

陆相林:《基于管理学视角的旅游规划失灵分析及对策》,《特区经济》2007年第1期。

路幸福、陆林:《国外旅游人类学研究回顾与展望》,《安徽师范大学学报》(人文社会科学版)2007年第1期。

吕鹏:《"舞台真实"下乡村旅游产品设计分析》,《太原师范学院学报》(社会科学版)2007年第1期。

罗明春、陈超群、钟永德:《乡村旅游体验真实性研究》,《特区经济》2007年第12期。

罗文、陈国生:《旅游规划的哲学思考》,《南华大学学报》(社会科学版)2005年第4期。

马翀炜:《旅游·故事·文化解释》,《吉首大学学报》(社会科学版)2000年第4期。

马翀炜、张帆:《想象的真实与真实的商品——经济人类学视野中的现代旅游》,《思想战线》2004年第4期。

马聪玲、张金山:《对我国旅游规划现状的反思与评价——兼谈"十一五"期间的旅游规划思路》,《北京工商大学学报》(社会科学版)2007年第2期。

马梅:《旅游规划委托合约问题研究》,《旅游学刊》2003年第1期。

马晓京:《旅游商品消费的文化人类学解读》,《中南民族大学学报》

（人文社会科学版）2005 年第 4 期。

〔美〕马歇尔·萨林斯：《甜蜜的悲哀》，王铭铭、胡宗泽译，生活·读书·新知三联书店，2000。

纳尔逊·格拉本、彭兆荣、赵红梅：《旅游人类学家谈中国旅游的可持续发展》，《旅游学刊》2006 年第 1 期。

纳尔逊·格雷本、张晓萍、刘天曌：《旅游、现代性与怀旧》，《民族艺术研究》2003 年第 5 期。

纳日碧力戈：《人类学理论的新格局》，社会科学文献出版社，2001。

彭德成：《对我国旅游规划工作的现状、问题与对策的研究》，《旅游学刊》2000 年第 3 期。

彭顺生：《中国旅游人类学发展述评》，《思想战线》2005 年第 1 期。

彭兆荣：《（后）现代性与移动性：生态环境所面临的挤压——兼论旅游人类学视野中的"旅游文化"》，《中共桂林市委党校学报》2005 年第 2 期。

彭兆荣：《"参与观察"旅游与地方知识系统》，《广西民族研究》1999 年第 4 期。

彭兆荣：《"东道主"与"游客"：一种现代性悖论的危险——旅游人类学的一种诠释》，《思想战线》2002 年第 6 期。

彭兆荣：《旅游人类学视野下的"乡村旅游"》，《广西民族学院学报》（哲学社会科学版）2005 年第 4 期。

彭兆荣：《旅游人类学视野中的"旅游文化"》，《旅游学刊》2004 年第 6 期。

彭兆荣：《旅游与人类学》，《思想战线》2008 年第 4 期。

彭兆荣：《民族志"书写"：徘徊于科学与诗学间的叙事》，《世界民族》2008 年第 4 期。

平红红：《领导行为、团队认同与团队公民行为的关系研究——基于对旅游规划团队的实证研究》，浙江大学硕士学位论文，2007。

〔美〕乔治·E.马尔库斯、米开尔·M.J.费希尔：《作为文化批评的人类学：一个人文学科的实验时代》，王铭铭、蓝达居译，生活·读书·新知三联书店，1998。

任媛媛：《民族文化旅游项目的真实性探析》，《桂林旅游高等专科学校学报》2005年第3期。

〔美〕沙伦·特拉维克：《物理与人理——对高能物理学家社区的人类学考察》，刘珺珺、张大川等译，上海科技教育出版社，2006。

石美玉：《旅游规划失灵与利益主体分析》，《思想战线》2004年第2期。

粟路军、奉亚卓：《旅游规划的人文关怀思想初探》，《经济管理》2006年第2期。

孙九霞：《旅游人类学在中国》，《广西民族大学学报》（哲学社会科学版）2007年第6期。

孙九霞：《社区参与旅游发展研究的理论透视》，《广东技术师范学院学报》2005年第5期。

孙九霞、保继刚：《社区参与的旅游人类学研究——阳朔世外桃源案例》，《广西民族大学学报》（哲学社会科学版）2006年第1期。

孙九霞、保继刚：《社区参与的旅游人类学研究——阳朔遇龙河案例》，《广西民族学院学报》（哲学社会科学版）2005年第1期。

孙晓燕：《解读"读图时代"》，《编辑学刊》2004年第3期。

唐文跃：《地方感——旅游规划的新视角》，《旅游学刊》2008年第8期。

田里、李柏文：《旅游后现象理论及其实证研究》，《思想战线》2009年第5期。

〔美〕瓦伦·L.史密斯：《东道主与游客——旅游人类学研究》，张晓萍等译，云南大学出版社，2002。

王春雷、周霄：《从人类学视角探析区域旅游规划的社区参与》，《规划师》2003 年第 3 期。

王大悟：《关于旅游规划若干认识的探讨》，《旅游学刊》2001 年第 5 期。

王德利：《对安徽旅游规划的思考》，《财贸研究》1998 年第 2 期。

王建民：《民族志方法与中国人类学的发展》，《思想战线》2005 年第 5 期。

王健：《旅游人类学理论在中国旅游发展中的应用》，《旅游科学》2007 年第 5 期。

王俊玮、吴三军：《读图时代的意义解码能力探讨》，《新闻界》2007 年第 2 期。

王铭铭：《西方人类学思潮十讲》，广西师范大学出版社，2005。

王萍：《旅游人类学视角下的剑川石宝山歌会》，《生态经济》2005 年第 2 期。

王旭科：《试论旅游规划进行机制的优化》，《旅游学刊》2004 年第 6 期。

王岳川：《后现代主义文化与美学》，北京大学出版社，1992。

王云才、王书华：《景观旅游规划设计核心三力要素的综合评价》，《同济大学学报》（自然科学版）2007 年第 12 期。

乌恩：《地域文化与旅游规划》，《人文地理》2001 年第 1 期。

吴承照：《中国旅游规划 30 年回顾与展望》，《旅游学刊》2009 年第 1 期。

吴人韦：《旅游规划的定位与定向》，《人文地理》2000 年第 2 期。

吴人韦：《旅游规划的发展历程与趋势》，《旅游科学》1999 年第 4 期。

吴人韦：《旅游规划的基本功能》，《地理学与国土研究》2000 年第 2 期。

吴人韦：《论旅游规划的性质》，《地理学与国土研究》1999 年第 4 期。

夏建中：《文化人类学理论学派——文化研究的历史》，中国人民大学出版社，1997。

夏赞才：《旅游人类学近1/4世纪研究的新成果——〈主客关系新探21世纪旅游问题〉述评》，《旅游学刊》2005年第3期。

肖洪根：《对旅游社会学理论体系研究的认识——兼评国外旅游社会学研究动态（上）》，《旅游学刊》2001年第6期。

肖洪根：《对旅游社会学理论体系研究的认识——兼评国外旅游社会学研究动态（下）》，《旅游学刊》2002年第1期。

谢彦君、彭丹：《旅游、旅游体验和符号——对相关研究的一个评述》，《旅游科学》2005年第6期。

邢启顺：《旅游开发与乡土传统文化重构——旅游人类学视野中的乡土传统文化产业》，《贵州师范大学学报》（社会科学版）2005年第5期。

徐新建：《开发中国"民族旅游"与"旅游民族"的形成与影响——以"穿青人"、"银水寨"和"藏羌村"为案例的评述》，《西南民族学院学报》（哲学社会科学版）2000年第7期。

许春晓：《当代中国旅游规划思想演变研究》，湖南师范大学博士学位论文，2004。

许春晓：《旅游规划产品设计"双筛法"研究》，《旅游学刊》2003年第1期。

许春晓：《中国旅游规划的市场研究历程（上）》，《旅游学刊》2003年第3期。

许春晓：《中国旅游规划的市场研究历程（下）》，《旅游学刊》2003年第4期。

〔美〕亚历山大·温特：《国际政治的社会理论》，秦亚青译，上海人民出版社，2000。

杨春宇、胡鸿保：《局内人中的局外人——体味民族志新作〈在自我的阴影下〉》，《思想战线》2003年第1期。

杨春宇、叶文：《发展中的旅游人类学》，《桂林旅游高等专科学校学报》2002年第3期。

杨慧：《朝圣与旅游：特纳"类中介性"研究与旅游人类学》，《怀化学院学报》2007年第4期。

杨慧：《马康纳及其现代旅游理论》，《思想战线》2005年第1期。

杨慧、陈志明、张展鸿：《旅游、人类学与中国社会》，云南大学出版社，2001。

杨骏、庞桂珍、胡粉宁、杨妮、杨静：《西安周边地区乡村旅游发展的人类学透视》，《社科纵横》2007年第4期。

杨兴柱：《旅游规划的公众参与研究》，安徽师范大学硕士学位论文，2005。

杨兴柱、陆林、王群：《旅游规划公众参与的核心内容初步研究》，《人文地理》2006年第4期。

杨振之：《前台、帷幕、后台——民族文化保护与旅游开发的新模式探索》，《民族研究》2006年第2期。

杨振之、邹积艺：《旅游的"符号化"与符号化旅游——对旅游及旅游开发的符号学审视》，《旅游学刊》2006年第5期。

叶文：《旅游规划的价值维度——民族文化可持续旅游开发》，中国环境科学出版社，2006。

叶文、谢军：《旅游规划的价值取向》，《人文地理》2003年第6期。

于定明：《旅游规划法律问题探析》，《旅游学刊》2004年第4期。

〔美〕詹姆斯·克利福德、乔治·E. 马库斯：《写文化——民族志的诗学与政治学》，高丙中等译，商务印书馆，2006。

张敦福：《当游玩变成一种消费机器——中国消费社会形式变迁的旅游人类学研究》，《广西民族大学学报》（哲学社会科学版）2007年第1期。

张进福、肖洪根:《旅游社会学研究初探》,《旅游学刊》2000年第1期。

张晓萍:《"旅游是一种现代朝圣"刍议》,《云南民族大学学报》(哲学社会科学版)2003年第7期,第91~93页。

张晓萍:《从旅游人类学的视角透视云南旅游工艺品的开发》,《云南民族学院学报》(哲学社会科学版)2001年第5期。

张晓萍:《旅游开发中的文化价值——从经济人类学的角度看文化商品化》,《民族艺术研究》2006年第5期。

张晓萍:《旅游人类学在美国》,《思想战线》2001年第2期。

张晓萍:《纳尔逊·格雷本的"旅游人类学"》,《思想战线》2000年第1期。

张晓萍:《西方旅游人类学中的"舞台真实"理论》,《思想战线》2003年第4期。

张有隽:《关于民族志若干问题的探讨》,《广西民族学院学报》(哲学社会科学版)1997年第S2期。

张展鸿、罗左毅、李远龙:《从人类学角度透视旅游业——以香港为例》,《广西民族学院学报》(哲学社会科学版)1999年第2期。

张祖群、方巧、杨新军:《基于文化景观的利益主体经济互动——荆州的旅游人类学实证研究》,《桂林旅游高等专科学校学报》2004年第1期。

章海荣:《从哲学人类学背景管窥旅游审美》,《思想战线》2002年第1期。

章尚正:《旅游规划评审中的"潜规则"质疑》,《黄山学院学报》2007年第1期。

赵红梅:《旅游人类学理论概谈》,《广西民族研究》2008年第1期。

赵红梅:《论仪式理论在旅游研究中的应用——兼评纳尔什·格雷本教

授的"旅游仪式论"》,《旅游学刊》2007 年第 9 期。

赵红梅:《也谈"communitas"人类学视野下的一种旅游体验》,《思想战线》2008 年第 4 期。

郑晴云:《朝圣与旅游:一种人类学透析》,《旅游学刊》2008 年第 11 期。

郑晴云、郑树荣:《论旅游的精神文化本质》,《思想战线》2003 年第 2 期。

郑威:《地方性:一种旅游人类学视角——以广西贺州区域旅游研究为个案》,《改革与战略》2006 年第 4 期。

周建新:《天真的人类学家与人类学的"天真"——民族志反思的反思》,《中南民族大学学报》(人文社会科学版)2004 年第 3 期。

周霄:《刍论"旅游人类学"的几个基本问题》,《百色学院学报》2001 年第 2 期。

周霄、雷汝林:《旅游文化变异机制的人类学透视》,《鄂州大学学报》2004 年第 1 期。

宗晓莲:《布迪厄文化再生产理论对文化变迁研究的意义——以旅游开发背景下的民族文化变迁研究为例》,《广西民族学院学报》(哲学社会科学版)2002 年第 2 期。

宗晓莲:《西方旅游人类学两大研究流派浅析》,《思想战线》2001 年第 6 期。

宗晓莲:《西方旅游人类学研究述评》,《民族研究》2001 年第 3 期。

宗晓莲、戴光全:《节事旅游活动中的文化表达及其旅游影响——国际东巴文化艺术节的旅游人类学解读》,《思想战线》2005 年第 2 期。

邹统钎、万志勇:《中国旅游规划思想的演变(上)——中国旅游规划 30 年回顾与反思》,《北京第二外国语学院学报》2009 年第 5 期。

邹统钎、万志勇:《中国旅游规划思想的演变(下)——中国旅游规划

30 年回顾与反思》,《北京第二外国语学院学报》2009 年第 7 期。

左小斯:《现代性、后现代性与乡村旅游》,《广东社会科学》2005 年第 1 期。

Bruner, Edward M. *Culture on Tour. Ethnographies of Travel*. Chicago. The University of Chicago Press, 2005.

Cevat Tosun and Carson L. Jenkins. The Evolution of Tourism Planning in Third World Countries a Critique, Progress in Tourism and Hospitality Research, Vol. 4, 1998.

Inskeep, Edward. "Tourism Planning – An Emerging Specialization," *Journal of the American Planning Association*, 1988, 54 (3).

Inskeep, Edward. *Tourism Planning, An Integrated and Sustainable Development Approach*. New York. VNR, 1991.

Jean Gottmann. *Megalopolis: The Urbanized Northeastern Seaboard of the United States*, New York. The Twentieth Century Fund, 1961.

Knack, Ruth. "We're off: Trends in Tourism." *Planning*, 1993, 59 (8).

Peter John Sandiford and John Ap. "The Role of Ethnographic Techniques in Tourism Planning," *Journal of Travel Research*, 1998, 37.

后 记

　　流金溢彩的花潮，灵秀俊雅的山河，召唤我走进L县神奇美丽的"田野"。而L县旅游目的地建构实践，又是令我感动的创造之举。在L县调研的日子，很多人给予我无私的帮助。有了他们的热情，我得以深读这片美丽的土地，得以品味流金大地背后的故事。我要向启发我、帮助我开展此项研究的所有人表达我深深的谢意，特别是L县那些付出智慧和辛劳、创造传奇的建构者们。遗憾的是，基于各种考量，我无法一一提名致谢，只能笼而统之，致以谢意和歉意。

　　虽然本书的研究是基于正式和严格的旅游人类学田野调查而来，但在写作的过程中，我却不时被一种诗化的情怀所笼罩，不时被一种激昂的情绪所指引。我愿把这情怀和激情渗透到文字当中，把我的所思、所得、所感，毫无保留地展现给读者。如有缘在书中一见，请朋友们理解我的感性和冲动。

　　金花常开，瀑水长流。旅游目的地的建构不在朝夕之间，不在天地一隅。既然走进了L县这片神奇的田野，我就将在未来持续关注她，愿她在这个变幻流逸的时代日渐丰彩，收获属于自己的荣光。

施海涛
2017年10月19日

图书在版编目(CIP)数据

旅游目的地建构:云南L县的经验与思考/施海涛著.—北京:社会科学文献出版社,2017.10
 ISBN 978-7-5201-1320-5

Ⅰ.①旅… Ⅱ.①施… Ⅲ.①旅游业发展-研究-云南 Ⅳ.①F592.774

中国版本图书馆CIP数据核字(2017)第212370号

旅游目的地建构
——云南L县的经验与思考

著　　者／施海涛
出 版 人／谢寿光
项目统筹／佟英磊
责任编辑／佟英磊

出　　版／社会科学文献出版社·社会学编辑部(010)59367159
　　　　　地址:北京市北三环中路甲29号院华龙大厦　邮编:100029
　　　　　网址:www.ssap.com.cn
发　　行／市场营销中心(010)59367081　59367018
印　　装／三河市尚艺印装有限公司
规　　格／开　本:787mm×1092mm　1/16
　　　　　印　张:12.5　字　数:168千字
版　　次／2017年10月第1版　2017年10月第1次印刷
书　　号／ISBN 978-7-5201-1320-5
定　　价／59.00元

本书如有印装质量问题,请与读者服务中心(010-59367028)联系

版权所有 翻印必究